儒生文丛 第三辑

吴飞/著

汉学读本

知识产权出版社
全国百佳图书出版单位

图书在版编目（CIP）数据

汉学读本/吴飞著.—北京：知识产权出版社，2017.4
（儒生文丛/任重主编.第三辑）
ISBN 978-7-5130-4717-3

Ⅰ.①汉… Ⅱ.①吴… Ⅲ.①汉学—文集 Ⅳ.①K207.8-53

中国版本图书馆CIP数据核字（2017）第008593号

责任编辑：江宜玲	责任校对：王 岩
封面设计：张 冀	责任出版：刘译文

内容提要

本书侧重汉魏经学及其运用。汉学篇，接续古学，以汉魏为源，借朱子为术，以申汉学义理。公羊旁议篇，自外近世公羊，重述汉朝家法。教育篇，开周礼学书单及学科设想。本书价值在考据与问难。如《孝经》郑司农注的论证，大一统、七等、进爵的考订，及文文山、方希直等节义问题的反复辩论。《周礼学大纲》是中西会通的尝试，期待同道的重视与协作。

儒生文丛（第三辑）

汉学读本

吴 飞◎著

出版发行：	知识产权出版社有限责任公司	网　址：	http：//www.ipph.cn
社　　址：	北京市海淀区西外太平庄55号	邮　编：	100081
责编电话：	010-82000860转8339	责编邮箱：	jiangyiling@cnipr.com
发行电话：	010-82000860转8101/8102	发行传真：	010-82000893/82005070/82000270
印　　刷：	北京科信印刷有限公司	经　销：	各大网上书店、新华书店及相关专业书店
开　　本：	787mm×1092mm 1/16	印　张：	15
版　　次：	2017年4月第1版	印　次：	2017年4月第1次印刷
字　　数：	212千字	定　价：	48.00元

ISBN 978-7-5130-4717-3

出版权专有　侵权必究
如有印装质量问题，本社负责调换。

序

人多以为穿汉服的笑非先生是"雅士",所以,"接地气"的朋友很不屑,"古典文艺范"的朋友则很仰慕。其实,笑非接的地气很可能比一些关怀现实的朋友更深厚,而这方面远非他的古典粉丝所能理解。另外,他的古典素养是在六经烂熟于心的基础上全身心投入现实问题的思考时自然流露出来的,所以,他的写作可以毫无障碍、毫无征兆地在文言和白话之间迅速切换。他是百分之百投入现实问题思考的,压根儿就没考虑过文体的问题。如此彻底的"接地气"姿态却被误以为"掉书袋",不能不说是"地气派"的悲哀。"地气派"不读书亦甚矣!另外,很多"古典文艺范"的粉丝其实是不自觉的小资愤青。他们对笑非的崇拜不过是寄托了一种本质上属于异域情调的传统文化乡愁。他们是一些叶公,附庸风雅,真谈及王道周礼,则避之唯恐不及。批评和崇拜笑非都是困难的,因为,首先进入他的问题意识、话语世界就不容易。

但笑非并不孤独。通过网络,他有一个切磋学问的师友圈子。这个圈子里有民间经学家,也有我这样的学院学者,有温和理性的儒家,也有汉服运动成员。他在网上写作、发帖、授课、讨论、交朋友。他缺乏学院环境,各地书院对他来说又只是徒有其名。他自然期望将来能有真正的书院,但在此之前,网络就是他的书院。他是第一代网络经学家的代表。这是特别有意思的现象，将来可能会有历史学家来研究。多年前，我给他的《礼学拾级》写的序中讲了这个意思，有兴趣的读者可以参考。可惜那本书拖了多年，仍未出版。

　　八九年前，我在道里书院的网络论坛和网络读书会上认识了笑非。我请他在网络读书会上带读过《礼记》和《左传》。道里书院的年度会讲，他也每年参加。后来，他来上海孟母堂任教，我们见面就更容易了。最近道里书院落地，也能请笑非来讲课了。笑非的书写了很多，可惜一直未能出版。多年前我还在主编"经典与书写"丛书的时候，就曾努力帮他寻找出版机会，可惜往往因为经费问题而不得不放弃。现在，"儒生文丛"收入笑非的《汉学读本》，即将付梓，我感觉非常欣慰。笑非嘱我作序，我也不知该写什么。书就在读者眼前，读者自可阅读、评价、响应，无须我置喙。写几句书中看不到的人事，或于读者了解作者，有些微帮助吧。

柯小刚

目 录

汉 学

大学及亲民论	/ 3
汉魂略说	/ 7
天下说	/ 22
汉学基础	/ 26
天 人	/ 29
王心说	/ 30
后王说	/ 32
受命说	/ 34
君 父	/ 39
君师长	/ 40
道学之变	/ 42
五伦疏	/ 45
经典中的五伦提纲	/ 49
古学治国说	/ 57
三世说正论	/ 59
通三统纰缪	/ 61
公羊非唯夫子说	/ 63
公羊尊王说	/ 65
公羊学说	/ 67

会盟结言辩	/70
公羊有成法说	/72
《春秋》、"三传"例说	/75
公羊学：功绩和经验	/77
赵氏孤儿义理分析	/81
文山晚节说	/90
春秋复仇说问答	/92
答方希直死节事	/97
答秦论	/99
天下为公说	/101
儒家非血缘宗族主义论	/103
蒙民氓	/107
文　物	/109
述　学	/110
学　薄	/115
自　述	/117
心学·理学·礼学·春秋学	/124
汉宋学说	/126
学　则	/128
《五经正义》以降总评	/130
本　孝	/132
《孝经》郑学疏的补充	/135
学经次第	/140
学　理	/146
周礼学大纲	/152
古典义理提要	/166
官学与私学	/169

公羊旁议

大一统疏 / 173
七等疏 / 177
通三统以救弊说 / 181
秦朝非正，秦则诸夏 / 182
君子德称 / 184

教　育

取　譬 / 187
儒　生 / 188
也论幸福 / 189
论抽象幸福 / 193
古典学对家庭教育的启发 / 195
周礼学重要著作提要 / 202
礼乐精神与治学方法 / 208

跋

/ 227

汉 学

大学及亲民论

道家无治国，但平天下。法家无平天下，但治国。墨家无齐家，但修身、治国、平天下。

儒家则四者贯通然后能为也。既曰齐家，则修身非调息养气之谓也。既曰治国，则齐家非娶妻聚敛之谓也。既曰平天下，则治国非精英分权之谓也。既曰修身齐家，则所谓天下者，亦非徒慕天道，奢谈心性之谓也。欲齐家者，行于五伦。欲治国者，察于官人。欲平天下者，"象事知器"（《周易·系辞下》）。欲修身者，亦如夫子之作《春秋》，三悲于此，三乐于此，以俟后圣也（此张延国先生语）。

然则大学之道，不从诸子分别之，亦不得着实也。修齐治平，大学以递推述之，而诸儒果以为次第乎？《中庸》曰："故君子不可以不修身；思修身，不可以不事亲；思事亲，不可以不知人；思知人，不可以不知天。"不曰偏其反而？盖《大学》所以然者，良以诸子之躐等，以补弊救偏也。

然则奚以为治法而可？当皆法其父母，奚若？天下之为父母者众，而仁者寡，若皆法其父母，此法不仁也。法不仁，不可以为法。当皆法其学，奚若？天下之为学者众，而仁者寡，若皆法其学，此法不仁也。法不仁，不可以为法。当皆法其君，奚若？天下之为君者众，而仁者寡，若皆法其君，此法不仁也。法不仁，不可以为法。故父母、学、君三者，莫可以为治法。然则奚以为治法而可？故曰：莫若法天。天之行广而

无私，其施厚而不德，其明久而不衰，故圣王法之。(《墨子·法仪》)

以此论事，则修身与法天为一，而齐家、治国为赘瘤也。无怪乎墨者好言兼爱，无父无君。

吾所以有大患者，为吾有身。及吾无身，吾有何患？故贵以身为天下，若可寄天下；爱以身为天下，若可托天下。(《老子·第十三章》)
道常无为而无不为。侯王若能守之，万物将自化。化而欲作，吾将镇之以无名之朴。镇之以无名之朴，夫将不欲。不欲以静，天下将自正。(《老子·第三十七章》)

以此论身，则身比于无，附于道也。然以儒学观之，其言身则托于天下，其言天下则存乎所托之道，固曰修身平天下若一，然惟齐非齐，不犹不齐乎？其曰："善建者不拔，善抱者不脱，子孙以祭祀不辍。修之于身，其德乃真；修之于家，其德乃余；修之于乡，其德乃长；修之于邦，其德乃丰；修之于天下，其德乃普。故以身观身，以家观家，以乡观乡，以邦观邦，以天下观天下。吾何以知天下之然哉？以此。"其实，不过以身、家、国、天下之自然而然耳。则其谓之家、乡、国者，亦不过所托之道耳。其曰："小国寡民。使有什佰之器而不用，使民重死而不远徙。虽有舟舆，无所乘之；虽有甲兵，无所陈之。使民复结绳而用之。甘其食，美其服，安其居，乐其俗。邻国相望，鸡犬之声相闻，民至老死，不相往来。"亦其能力所限，不足为方伯连帅也。况若庄子之鼓盆，原壤之托音，其所谓以家观家，以乡观乡，亦不免于以道观人也。则道家至于身、家、国、天下，言身、天下或可也，家、国则未闻。

所谓汉兴黄老者，则黄老也，不得不借力法家也。今谓之《黄帝四经》者及《韩非子》，黄老之典章也。其《主道》曰：

道者，万物之始，是非之纪也。是以明君守始以知万物之源，治纪以知善败之端。故虚静以待，令名自命也，令事自定也。虚则知实之情，静则知动者正。有言者自为名，有事者自为形，形名参同，君乃无事焉，归之其情。故曰：君无见其所欲，君见其所欲，臣自将雕琢；君无见其意，君见其意，臣将自表异。故曰：去好去恶，臣乃见素；去旧去智，臣乃自备。故有智而不以虑，使万物知其处；有贤而不以行，观臣下之所因；有勇而不以怒，使群臣尽其武。是故去智而有明，去贤而有功，去勇而有强。君臣守职，百官有常，因能而使之，是谓习常。故曰：寂乎其无位而处，漻乎莫得其所。明君无为于上，君臣竦惧乎下。明君之道，使智者尽其虑，而君因以断事，故君不躬于智；贤者敕其材，君因而任之，故君不躬于能；有功则君有其贤，有过则臣任其罪，故君不躬于名。是故不贤而为贤者师，不智而为智者正。臣有其劳，君有其成功，此之谓贤主之经也。

可谓善用道而行乎国也。其《定法》曰：

晋之故法未息，而韩之新法又生；先君之令未收，而后君之令又下。申不害不擅其法，不一其宪令，则奸多。故利在故法前令则道之，利在新法后令则道之，利在故新相反，前后相勃。则申不害虽十使昭侯用术，而奸臣犹有所谲其辞矣。

申子未尽于法也。申子言："治不逾官，虽知弗言。"治不逾官，谓之守职也可；知而弗言，是不谓过也。人主以一国目视，故视莫明焉；以一国耳听，故听莫聪焉。今知而弗言，则人主尚安假借矣？

是其深知商君之法、申子之术所蔽，故须求道也。故马王堆出土《黄帝四经》之《道法》曰：

道生法。法者，引得失以绳，而明曲直者也。故执道者，生法弗敢犯也，法立而弗敢废也。故能自引以绳，然后见知天下不惑矣。

然则黄老行道以法，以公灭私，是以强秦炎汉能兴焉。然而所以不能久者何？秦二世而亡，用法之过也；汉三世而改，道有所不足也。秦亡者，自暴其法耳；公羊兴者，道之所钟也。

盖道家所言天下，未引以绳也。而法家之言治国，不及天下也。然则汉之既兴，封建亲戚，奄有四海，齐家、平天下，其要道也。而黄老不足道也！然则儒家所以兴起者，人伦纲常，非一天道可概也。

噫！墨家法天、尚同，道家崇无、守静，法家贵法、行势。然而伦常日用，付之阙如也。

由此，观《大学》之作，曰："一家仁，一国兴仁；一家让，一国兴让。"曰："上老老而民兴孝，上长长而民兴弟，上恤孤而民不倍。"是令诸君身知家事，然后有以仁通天下也。乃身知孝友睦姻任恤，然后能平章百姓，协和万邦也。其自身推及天下者，非次第之谓也，仁通之道也。然则大学之道，在明明德，在亲民，不亦显切著明乎？

然则诸子所以不称仁义者何？尚同者自以为天，崇无者自行其道，贵法者以吏为师，皆未尝周爱咨谋也。且其道德既定，亦不以百姓为明威矣！然则纯以治国观诸子，其论以公灭私，论公共秩序，则仁义不犹赘瘤然？然则先儒何以必称仁义者？

良以百姓日用，诚非公共法制一维，必自孝友始也。故《周礼》所事制曲防者，乡间之六德，百姓之九两，族党之任恤，父慈子孝，夫妇判合，穷苦孤独是也。故《周礼》不曰仁，而仁义在焉。夫子之论仁，亦不过孝悌博施，克己复礼，不忧有勇，忠恕切言而已。此无终食之间违仁，则虽蛮貊之邦行矣。以其本于日用也。然则及其至也，则管子一匡天下，如其仁，如其仁。孟子曰："今王发政施仁，使天下仕者皆欲立于王之朝，耕者皆欲耕于王之野，商贾皆欲藏于王之市，行旅皆欲出于王之涂，天下之欲疾其君者，皆欲赴愬于王。"此管子之如其仁也。然则亦不出百姓之彝伦矣。儒学所以特立于中西古今者，以此。

汉魂略说

口号者,以有意见无意也。有意者,一时砥砺;无意者,百年积重。和魂洋才,日本所以兴也;中体西用,中国所以乱也。盖魂与才,器也,故并行不悖。本出《周礼》之德行、道艺,《王制》之贤者、执技。盖有德者不必有能,有能者不必有德,而王者兼用之。若体用者,道也,则胶着互根。立其体者,必生其用;执其用者,必求其体。然则和魂洋才,则德与能不妨包举。中体西用,将以中化西乎?将以西化中乎?是以日本维新,其政教,尊天皇而立神道,可谓正本;其器用,慕泰西而效夷狄,皆称实用,以成两千年未有之大一统。而清末变法,前者西不成用,后者中无完体,以成两千年未有之大变局。噫!以清学之标榜,筑体用之胡说,是耶非耶?

是以略说汉魂。

一、信仰

信仰,类似西方人所说的宗教。但是中国素来不重视神的本体,而只重视祭祀的礼仪(类似罗马人的 religio)。所以中国的信仰不是以神为中心的,而是以礼乐及其缔造(继承)者为中心的。这就是周公摄政称王,与夫子作《春秋》为素王。华夏之礼乐,载于五经,"三礼"明其经,"三传"穷其变,《诗经》《尚书》述其化,《周易》赅其象。所以称儒家,非仁义愈于道德之谓也,非差等贤于兼同之谓也。盖儒家尊经最盛,于先王礼乐著述最全耳。齐一变至于鲁,稷下之言与洙泗之道本无间也。西河但知子夏，而李悝、吴起之徒本出儒门。拱垂而治，礼本太一，儒道不异辞而道不同也；以道生法，强干弱枝，儒法不同声而功不甚也。然而黄老言道而不能器，是犹器于器也；韩非尚法而行以势，非尽法于法也。唯先王之道，上下察焉，取象焉，制礼焉，是成其亹亹也。而儒生之善学者，慥慥乎先王之履；其不善学者，呭呭乎辞令。虽然，称儒者不敢非先王，乃能体正于上，而文行于下也。如果儒学仅仅定位为某种学术或者思想，那么由外国人用西文来阐述，与中国人用文言来阐述并没有什么本质的区别。对于西方思想家来说，他们也完全不妨借鉴，甚至赞赏儒学。但是传统儒生（无论中国还是日本、朝鲜、安南①）与那些因为赞赏而认同的人，究竟有什么区别呢？或者说，古代中国，仅仅是认同了儒学吗？不，古代人把儒学作为自己生命的一部分，这就是所谓"不知命无以为君子"。同样，汉化国家，也将先王之道视为政治合法性的核心。总之，只有生命体验以及社会建构的结合，才促成了活的儒学。先秦两汉儒生对于先王与孔子的感情，对于周公制礼作乐、孔子笔削《春秋》的崇尚，很接近西方的宗教感情。对于礼乐澄平天下，对于圣王小康大顺之治，对于夫子三年有成，也寄予了不啻于天国、极乐的美好想象。固然，古代的中国人非常理性，但毋宁说，正是这种热切的信仰与冰冷的典册，构成了当时儒生的心理世界。

（一）天

天地者，性之本也，但最好淡然处之。天者，颠也，头上便是，抽象说也可，但最好从有形有情处理解。天地之德，在于无私，是其情也。天之德，又在于不言不齐而信。其化育万物，则是有形也。天命之谓性，这是天人的联络处，可见天并非孤高在上，但亦非与我一体，正是这若即若离，乃有天人感应之义。从思孟学派来说，则心性伦序莫不由此而来。但要注意，在祭祀等级中，只有天地、

---

① 指今天的越南、老挝及柬埔寨。

社稷、名山大川在宗庙之前,其他天地间之小神小祇,如风雨山河,皆在宗庙之后。所以,我们谈天地君亲师,谈敬天,但不应该崇奉太盛,永远不要忘记:我等先祖,地位并不比天地低。《风俗通》曰:"凡黔首,皆五帝子孙。"大凡中州之民,得五行之中和气以生者,无非五帝之子嗣,但禀赋有清浊耳。如此,方是务实务本的人,方不耽于神话的想象或崇拜的冲突。但又不宜如理学,只把天理解为理之天,理解为道之存在。天者,授命之天也,是以天人感应焉。天为人所受命,则天在人人,故"天聪明自我民聪明"。然而"民非后,罔克胥匡以生",是以"天佑下民,作之君,作之师"。"王者,往也",然则天威在民,民必有王,王必为民,是为汉学之天人感应也,亲民焉,以称王道。以汉学言之,天之所示,民闻在上,为天子垂诫耳。贤者乃动乎四体,见乎蓍龟是也。此之谓天人感应,盖天有不时,王有失道,民有非辜然也。故民者,天人之介也。畏天者亲民,法天者观民。

(二)先祖、先王、先圣

先祖、先王、先圣,这是应当放在第一位的。我们是这片广土众民的主人。所以我们的存在,就是祖先荣誉的体现。要尊敬祖先,尊敬圣人,尊敬先王。因为一般来说,这三者是统一的。因为久远的历史,所以我们既是圣人之后,也大都是先王之后。"王者,往也",百姓所归往也。一如君者,群也。凡有广土众民之处,便必须建立制度,建立科层制,然后方能分工合作,则君王应运而生。圣者,通而先识也。知、仁、圣、义、忠、和本是大司徒教育百姓的六德。所以,"十室之邑,必有忠信",但看是否如圣人好学了。又后世奉祀者有二:子嗣是也,弟子是也。子嗣以血气侍奉鬼神,弟子以意志昭格神明。则先圣之来,未必全靠子孙。如儒生之于周公、夫子,亦可为生命寄托。且古时宗庙与今不同,大凡同姓,不必同宗共祖,亦可以见证。而宗庙之祭,宾客献爵;天子脤膰,赐于异姓。所以宗族有严格,亦有宽松。今日大凡同姓,即可称得姓始祖之德,不必家谱俱在,考证无疑。若异族慕华，愿归宗于我先祖之德，亦无妨容与。盖时时怀念，久之自然一体。古之先王，天下之共主也。古之圣人，天下之德望也。先祖者，源也；天下者，委也。念及先祖，则当两端思之。

（三）先师、先烈、先贤

先祖、先王、先圣，是我等种类之本。而先祖之教化，则赖先师、先烈、先贤之向导。故敬畏祖先，必当尊重师道，必当亲贤报功。先师者，各业皆有师，外国之师亦师也，亦当敬之。敬之而后学，方能学到灵魂。烈者，勋劳也，不必殉国然后为烈。先师，以其授业；先烈，以其功庸，不必德行无缺也。若必曰有德，然后敬之，其实不过目中无人罢了。凡可学者，皆当虚心受教，予所否者，存而不论可也。先贤，则有德者也，未必有功。此处又不可以成败论人，推其心，存其志，以终其功可也。则先师、先烈、先贤之祀，亦求学之要道也。至圣先师孔子，是道统的集大成者。因夫子之故，道统乃未坠于地。夫子不是神，除了汉朝纬书，亦不曾被神化。但即便是纬书，也应当看到，对孔子的神化集中在为汉制法，及无所不知方面。前者对应今文派的新王说，后者类似古文派的宏览博物埋想。可见，即便从神化的意义上，孔子亦从来不曾被神化。华夏所尊奉的神只有天、地、社稷、宗庙，百姓所供奉的神只有祖先五祀。孔子自有其后人奉养。学生只是在朔望、丁祭之时，在书院或孔庙中表达敬意而已，其仪式与祭祀本来不同，只是宋明礼仪简化才出现了公共祭祀的趋同性，但仍然与家祭有区别。宋明理学是一个孔子观念的大转变。按照理学的理解，圣人变成了天赋澄明、自诚而明的道德代表，而不再是汉学所鼓吹的制礼作乐无所不知的圣者。而今人的孔子观，实际源于理学。所以，哪怕儒生对孔子的虔诚，实际被局限在自我体认中，变成了自我修养的标杆，但这是理学的后果。而汉学（尤其是今文学）中的孔子是新王，儒生的虔诚重点在于礼制，及礼制在现实中的损益奉行。周公制礼作乐，夫子笔削《春秋》。《礼经》作于治定功成，《春秋》删述礼崩乐坏。《礼经》承天道治人情，《春秋》拨乱世反之正。可谓一经一权，一正一变。经者示以天道永存，变者示以人心不谬！

（四）家祠、乡贤

以上之落实，便是家祠、乡贤。必二者并重者，家祠者，亲也；乡贤者，尊也。由亲亲而仁，由尊尊而义，必有仁义，然后知礼，然后知措手足也。有家无乡，不过聚敛之家；有乡无家，比于禽兽之伦。门内之治，恩掩义；门外之治，义断恩。此古人区分公私之要也。且先祖远去，而家祠为其所在；先贤远去，而乡贤祠为之表率。诸君欲论古今，当自父祖始；欲论天下，当自乡里始，长于斯，学于斯，然后着实可信。生则光耀家风，死则跻身乡贤，人之终始也。

（五）五伦

凡有人类存在的地方，何曾缺少五伦？

父子：只要是哺乳动物，就必然需要父母的照料，也就必然懂得报恩。当前不孝不慈的事有很多，但与其说是人性的改变，不如说是生活的不安，让他们无法面对。就如同在丛林世界，狐狸父母只能赶走长大的孩子，而孩子们再也无法回到父母膝下。但那种痛苦，是一切动物的本能。

夫妇：也是哺乳动物的必然选择。妻子照顾幼崽，丈夫出门觅食。人类的家庭形态有很多，但即便是对偶婚，当其住在一起的时候，毕竟还是有别于无关的男女的。既然有区别，就应当区别之。男女有别，母系时代就已形成，与父权无关。

兄弟：这是一个中国人越来越陌生的概念。有理论说，这不利于孩子的心理发展。

朋友：如果没有兄弟，朋友就是必需的。即便身边没有，也会寻找网友。固然，今人或许忘却了朋友间切磋琢磨、成就声誉的责任，但我们至少知道：孤独是痛苦。

君臣：古文的君只是有臣的意思，所以士也是其家老的君（如果有的话）。在今天，则是上下级关系。今人或许把上下级视作雇佣关系，甚至剥削关系。但作为下级，你依然希望上级符合道义，给你一个愉快稳定的工作环境。上级也希望下级是可以托付的。在古代，这叫作君臣以义合。

总之，父子（母子）、夫妇、兄弟是人类感情，朋友至少提供心理健康，君臣（上下级）则保证社会效率。如果我们不背弃自己的感情，又能与人搞好关系，提高效率，也就是和谐社会了。我期待着我们的国家以"人皆生活在五伦中"为合法性的依据，并因为百姓自然的生活，而自然而然地创造出经济、政治、技术发达的局面。

（六）修齐治平一贯

四者贯通然后能为也。不能一贯，则虽曰修齐治平，殆于以发身为修身，以持家为齐家，以窃国为治国，以毒天下为平天下矣。人之事，自近及远。

道德：忠之属也。道者所由也，德者所得也。虚灵不昧，良知在焉。则不论儒道、汉宋，莫不以道德本在我也。故曰道德为最近。最近之我究与天地不二，抑或腔子而已，则不必论矣。盖论亦无当。《周礼》曰"德行、道艺"，盖德与行相见，道与艺相成。非若黄老之厥初而包举也。冯少虚言"《论语》一书，论工夫不论本体，论现在不论源头"，是得夫子之道也。道德有过不及，有贤不肖，不以礼正之，亦不可行也。黄老从道而已，本不必论，而后儒居高不下，则非天命矣。窃谓道德尚矣，不可绝离。平常知之，庶免凿也；简易行之，庶免伐也。若以道德孤高以方人，自谓道德而得色，则孔门之罪人也！

饮食男女：身之属也。血气未定，戒之在色；血气方刚，戒之在斗；血气既衰，戒之在得。好名好色好德好道，中之则可，过之则贼。不顾饮食男女，则至于不孝也。父好昌歜羊枣，而谓之道在箪食，是灭天理也。远人而为道，忠则不知，恕已全无。

人爵：人有所好，有所业，有所长，而未必一致。业非所好，则会计当而已，不以所好妨所业也。盖不任所业，不能养父母妻子，非人子人父之本也。况国之兴盛，端赖民众勤劳。若各以所好逃所业，则其所好果有定乎？苟未定所好，或所业非悖所好，则所业当精深之，以为所长，是为勤勉之民也。若所业必悖所好，或所业有不义，苟父母妻不待养，则去之从所好可也。不为娶妻而废义，不为养子而悖好。盖尊者养体，而卑者养志。虽然，古亦有四十归养之说（康成行之），则尊者壮年，亦不待为养也。

君子： 君子者，学圣人也。君子不器，亦不可器圣人。身心非两事，人爵天爵亦非两事。君子则一之，小人则乱之耳。君子必服人爵，不以人爵降志也。而所以为君子者，好圣人，而长于所业，以行圣人之道于所业也。故子贡学圣人，不以富贵如浮云而忘货殖；子路学圣人，不以文质彬彬而求学于周也。盖先贤所学者，道也。若学夫子，但行乎夫子，则是以圣人为器也。故子路长于军旅，乃以军旅行乎君子；子贡长于货殖，乃以阜通行乎君子。因其学为君子，是以所长益精，所好益广也。华夏复兴，非个个为孔子之谓也，与于孔子之门，而各有所长以待圣人是也。

二、行事

君子先行其言而后从之。故论儒生，当先见行事之风，然后心性修为继之。反此，则徒长自负而已。

（一）亲民

晚明王心斋曰："满街圣人。"此话末学多非之，实不知其义也。《易经》曰"观民设教"，《尚书》曰"天聪明自我民聪明"。不见满街圣人，则圣人之道为空言也。盖好学者流于好智，反为所蔽。学圣人之道为知之事，处处见得圣人之道亲切，方是行之事。行之事不行，则知之事亦不真。天理究竟参得还是自我欺骗，但见此处。

学者言天理良知，浪说天地与我为一，实不见得天地。但以为天理尽在我腔子里，然后感慨圣人遭际，此最无聊。所谓"素夷狄行乎夷狄，素患难行乎患难"，方今非夷狄与患难兼。便是兼之，君子以素履往而已，有甚流行与否？以世态炎凉，而不见百姓善端，不知王道易易，是遮蔽不见他人良知也。以此不见，则格物致知付诸荒疏，是遮蔽自家天理也。故为学者，当先见天理流行，见得满街圣人，然后才有格致之理。固然，满街圣人，奈何华夏不见？盖有非王制、非天理之制度横亘其间，民不得舒其胸襟也！然则儒生行事之要，或如心斋为天下喘息鼓舞之功；或如公羊家、古文家，会通中西，为汉制法是也。不亲民，则见不得满街圣人；不见得满街圣人，亦不能亲民。

（二）勤王

"王者，往也。"有民则有往，古者归于古公，归于武王，归于夫子之门；今则归于president，归于boss，归于superstar。民不归于此，必归于彼。士的责任是勤劳王事，对扬王休，令王守至正，万民归之。此心在宋明称为"立志"。然则"立志"一词稍嫌模糊（至于末学多囫囵应付），不若汉学之明了无疑耳。在王者无道的时代，先儒或（公羊家）以孔子为新王，或（古文家）继续周公之心。也就是说，勤王包含邦有道时，建立功庸（周公制礼作乐）；亦包含邦无道时，维持王制（夫子作《春秋》）。在危急时刻，则应以王事为先，家庭、生命、名分皆可抛弃。又勤王必须建功，所以汉学要求因名责实，要求岁会考绩。勤劳王家不可只论发心，必须征实才行。这与后来宋学强调修身齐家，然后乃能治平天下是有区别的。周礼国中二十至六十，野地十五至六十五，皆须岁不过三日之役。则少年之时，虽曰涵养，已不可自外王家矣。南宋以来，尤其明朝以来，官不下县，又禁胥吏扰民，于是少年与官家全无关系，是以理学于自心颇为关注，而于国事往往付之当然。设果如此，则焉用彼相？幸则晚明清议结党之风甚胜，又有东林救弊于一隅。

（三）事功

欲行王道，而不能治事，不能忧国，或虽治事而不成，虽忧国而终敝，皆是儒生修养不够，格物不能，不能服勤王家矣。则儒生非先王典籍是务，决须各有专长，就如宋明儒生，或治水，或兴农，或治兵，或铸炮，凡王事所需，儒生力当为俱。则在今日，凡政治、经济、社会、技术、数学逻辑，凡于治道有补者，儒生皆当视其爱好，有所钻研。至于青年往往理想与现实工作冲突。按照周礼，四十岁前皆在立志向学，虽有工作，会计当而已。青年不可以工作不如意而怠慢之，更不可苟安于工作而不思进取。前者非但耽误老板，亦将自坏心性；后者虽曰工作专注，实则忘却国事。总之，今日无王，无王命，则士应以先王为心。设先王在此时，将命我等何事？则我等舍生忘死，以对扬先王休命。

三、修养

修为最好是一条平坦的路，没有间断，也没有跳跃。顿悟或曰超越，应当仅仅是内心的升华。此前，你该做什么做什么，此后，你依然该做什么做什么，而且最好前后所做并无什么区别，所不同的只是仁通明见的能力而已。那么，此前的所做，便是行礼；此后的所为，依然是行礼。此前你不懂，但做到了；此后你懂了，却依然只是那么做。夫子有而立、不惑、知天命之阶段，可见如果个人素质足够高，则超越未必只有彻悟天理的一次，而是有很多的层次（我只是而立而已，不好多说）。以为自己一通百通，甚至因此背叛往日，那都是有问题的。如果往日曾经获得朋友的信任，则往日之我虽不达，亦必有尽诚之处，否则焉得友生？况今日之自以为达，未必真实，若不真实处，便是心有不诚，且不若往日之自然矣。

（一）亲民

亲民者，非但政治之用，亦且治学之方。盖人皆好巧言口给，是以冥想抽象,无有已时,是以宗教迭出,概念纷纭。而民众者,情感用事,非理智所服也。则最终宰制万民者,实不过财权、政权假学术、传媒之便,托术语、证明之饶,以为民众喝令而已。唯我先圣,以亲民为训。不以奉百姓为骄子,必以教化;不好玄谈为英华,必以务实。诸君时思民众,乃不坠五里雾中,可以日新矣。

(二) 学礼

先师言:"不学礼,无以立。"以汉学言之,天理人情,先王之礼,夫子之笔尽之矣。故无容他求,但克己复礼而已。

(三) 贤能

《周礼》郑注:"贤者,有德行者。能者,有道艺者。"疏:"在心为德,施之为行。"郑司农云:"道谓先王所以教道民者,艺谓礼乐射御书数。"窃谓德者,知仁圣义忠和也;行者,孝悌睦姻任恤也。道者,自道也。自道无他,循礼而已矣。艺者,治事也。先王日计月要岁会,故为士者,称道必能中礼,不可玄虚;治事必求功庸,不可怠慢。以为明道可以无功者,皆慢待王事,骄纵伪心之大谬也。

理家好称董子言:"正其谊不谋其利,明其道不计其功。"而末学以为遁词。若以董子言之,故在为汉制法,但温良恭俭让以得之,非逼迫以求之耳。其在宋学,则理学盖为己之学,自当以自家修养言之。谋事前先问人听不听,已是计功矣。格物前先问是不是道,已是谋利矣!所谓正义明道者,凡人所需,无论巨细道器,皆身兼之是也。若夫道则好之,事则避之,是利其名又计其功耳!庸谓理学?

(四) 交友

《穀梁传》曰:"就师学问无方,心志不通,身之罪也。心志既通,而名誉不闻,友之罪也。"孟子曰:"一乡之善士,斯友一乡之善士;一国之善士,斯友一国之善士;天下之善士,斯友天下之善士。以友天下之善士为未足，又尚论古之人。颂其诗，读其书，不知其人，可乎？是以论其世也，是尚友也。"盖君子由交友而互成忠信，相得令闻，以达志向。

（五）博物

《易经》曰："知至至之"，"知终终之"。"致知在格物"，郑注："知善恶吉凶之所终始也"。故汉学者必明于事物，达乎始终，以成其知，然后正心诚意修齐治平也。所别于宋学者，汉学之道不过某之道而已，甚具体也。故其格物不求所谓天理之浩渺，但求终始之精确。其格物也真实可信。日儒徂徕主古学，即以此破理学之浑然莫辨。以汉学言之，则欲明经书，不可不多识于鸟兽草木之名；欲经实务，不可不娴熟于善恶吉凶之别。至于天理所在，先王制礼足矣，无所别求，盖深信先王事制曲防已备矣。故宋明学好内，必以自心出者为善。道也，贤也，圣也，善也，由内出也，故宋明乐道。而礼也，能也，正也，物也，以外主之，则俗儒所忽视也。实则《中庸》曰："性之德也，合外内之道也，故时措之宜也。"内外偏废，是所以《中庸》难能为也。

修养不可做自家关起门来事解。故先以亲民，法天也。学礼，法先王、先祖也。贤能，敬人也。交友，切磋琢磨也。博物，民胞物与，锐意格物也。以天地之大，兆民之重，圣贤之远，成我一身，乃无愧先祖遗体也。

（六）差等

人多见差等为推而远之，不知所以推而远之者，欲各自从容也。世间但有一名分，便有一人群之划分。儒家的特征是划了很多同心圈。一个圈往往造成非此即彼的冲突，但同心而圈多，反而心态会平静。因为圈多了，彼此间的对立会多了很多过程、很多中介，也就可以渐渐缓和。这便是差等之用。西方的所谓多元化，是若干个非同心的圈，所以免不了对每个圆心都有一个内外的焦虑。而我们的古典世界，以我为中心，因远近而各正其位，近者好恶同之，远者以时往来，再远者偶有相见，亦可以和乐矣。为国如此，为人亦然。

（七）居正

礼家谓之损益，公羊谓之行权，穀梁家但曰正不正，而义在其中矣。汉学以事功为本，则先王之礼，期行于斯世也，则不能不因革损益。又世事纷纭，人藏其心，有礼制所不尽者，必权义以成之。不如此，不足以勤王也。

（八）乐学

因着实向学，而学皆可习，事皆有成，由是而乐，自然之乐也。学不处事，习不验功，而固曰我乐，造作之乐也。

（九）朴质

宋儒谈着实，道家谈自然。我喜用"朴质"概括汉学的品格，但汉学并不只是朴质。对于儒生，行其仁义礼智，便是自然，因此自然而行之，又无言焉，便是无为，便是无不为，便是无名，便是道生。这就叫君子暗然而日章吧。为求道求佛而执着者，未有不荼毒师法的。

（十）以终始存诚

知事物善恶吉凶之所终始，则自然排除内心侥幸、投机之念。如此所得定静，乃是真定静。常思终始，可以存诚。若于空处参诚，实非诚己也。况圣者，通而先识。未有不求本末终始，而能进德者也。古人好言终始，罕曰始终，慎之哉！今人不见终始，不图后艰。既然志在眼前，自然美梦易醒。甚者梦之太甚，不免麻痹，则虽有良缘，心已不仁。

（十一）以两端求一贯

中道、一贯，非空言所悟，须叩其两端，冷暖自知方可靠。但致一端者，唯恐缘木求鱼也；以一端而取成者，或有之，幸耳。若理一分殊者，万殊之物，可谓万端，因缘格致，乃是着实工夫。而理一与万殊，亦一理之两端。但言理一则不成器，但说分殊则不足道。然则，谓我能得此理者，与夫见此理于某事者，亦两端也。但见其知，不见其行，亦非中庸。多说亦空谈，愿诸君行之。行简易于知，亦洞彻于知。

四、社会

（一）亲民

不待言。

（二）职守

职守，亦即名分也。因名责实，民乃知所措手足，然后阜成万物。《周礼·天官·大宰》"以九职任万民：一曰三农，生九谷。二曰园圃，毓草木。三曰虞衡，作山泽之材。四曰薮牧，养蕃鸟兽。五曰百工，饬化八材。六曰商贾，阜通货贿。七曰嫔妇，化治丝枲。八曰臣妾，聚敛疏材。九曰闲民，无常职，转移执事。"此农工商也，再加"诸侯死社稷，大夫死众，士死制"。又庶人在官者，以勤君命。及大夫之仆，以为陪臣。又为师者虽诏于天子，无北面。及有官守者，不得其职则去；有言责者，不得其言则去。又有但为臣者，守土致命而已矣。则常人之分，皆在于此。然则古者四十始仕，盖前此以涵养为本，虽服王政，会计当而已矣，要在博学无方，多能鄙事，而后知终知始，乃能方物也。今之治国为人，亦当仿此。

（三）选举

《穀梁传》曰："名誉既闻，有司不举，有司之罪也。有司举之，王者不用，王者之过也。"三年大比，乡饮蜡祭，皆国家之责任也。

汉制类此，魏晋南北朝则有中正制，隋唐以后用科举。盖为国者须体恤国民，举其俊秀，然后民之好善向学，则王化易易。反此，上下否隔，亡国之道也。

（四）大一

《礼运》曰："夫礼必本于大一，分而为天地，转而为阴阳，变而为四时，列而为鬼神，其降曰命。"《公羊传》谓大一统，何注："夫王者始受命改制，布政施教于天下，自公侯至于庶人，自山川至于草木昆虫，莫不一一系于正月，故云政教之始。政，莫大于正始。故《春秋》以元之气，正天之端；以天之端，正王之政；以王之政，正诸侯之即位；以诸侯之即位，正境内之治。"

（五）三代

《中庸》曰："生乎今之世，反古之道。如此者，灾及其身者也。"盖汉学（周、秦、汉、魏）立足中古，三代也。虽知上古大同，太上贵德，然不梦想于不能也。故礼承三代，《公羊传》则曰通三统，其实一也。盖政事皆有所自，不可一蹴而就。周公之礼虽美，不可蹴成于汉。故董子、刘子骏皆大贤，而不得不容与秦制，而稍稍因革。太祖复汉，亦不能不稍循旧称，庶几存仁。此礼之义也。苟以前朝一无是处，不明其得，不究其弊，非但漠视民生，亦且养成骄恣。而岂有拂人之性而能久者？国家建制，或善或否，因袭既久，则人情在焉，不可不细察损益，当废则废，以启民智；当学则学，以纾民难。

（六）时君

盖述古者，以为今之乐犹古之乐，今之人犹古之人，假以王道，可以臻治也。夫是古非今，是中非西，谓时人皆不肖，退执政皆斗筲，非修身之道也。

君子者，苟不能去豪强而一人心，而固执其祖制是非，又何益也？

徒教人心之薄也。则君子去其魅而用其器，会通之道也。

（七）更受命

一朝三百年，其制不容不变也。欲损益祖制，而无易姓之忧，未如更受命。下诏罪己，重返故俗，眚灾赦罪，与民更始。

天下说

知行

知者理一也,行者分殊也。唯阿无几,知可矣;吁俞有辨,其行诸?故为道日损,知也;为学日益,习也。若曰礼器,是故大备者,非知之艰,行之唯艰也。

仁

知崇虚极,行惧充塞;道称无名,天型化育。夫何言哉?匹夫匹妇能行,莫之知也;知者贤者凿之,巧名流焉。夫何言哉?故僭天者丧偶,亲民者三乐。感而遂通,乐而不流,极高明而道中庸,不惑知者,行乎匹妇,然后言仁矣。

一贯

成己,忠也;成物,恕也。夫子欲一以贯之,曷为以外内之辞言之?言自近者始也。盖物之不齐,物之情也。必齐非齐,万物与我为一,将以物化我乎,将以我方物乎?皆非忠恕也。仁者爱人,而成己仁也。学本为己,而成物知也。交错言之,盖终始相周,本末相形,示以一贯也。

两端、差等

以两端求一贯,知也。以差等成一贯,仁也。两端者,中也。差等者,庸也。知折中者不必能行,明次第者足以践履。故仁者,必知差等。

理一分殊

至于万殊,然后知理一。通达天理,然后正分殊。不格分殊,天理为空言；不证一理，分殊非天明。必叩其两端而竭焉。古文、心学好分殊；今文、理学贵理一。今文古文，履之如砥，学焉不竭。理学墙高数仞，然后弦歌。心学蒲轮辄环，可与舞雩。其至则一。

王制即心法

天道不二，人性不殊，然则王心制礼，王制与心法，奉公与自修，为人与为国，固不容二也。

天下有九服，大比有次第，则修身有渐，仁义扩充而已。割刀之用，鸾刀之贵；德行道艺，造士与郊人别焉，是以不兴其艺不能乐学，吾从先进。爱有差等，成己成物，则为国有厚薄，自强以安天下。君子道长小人道消，举直措诸枉，故内诸夏而外夷狄。故旧不遗，孝以及人，故内其国而外诸夏。君子务本，治国其无本乎？

治朝以爵不以齿，内朝以齿不以爵，宾兴以德不以年，大丧以服不以贵，食飨以宾不以数。王亲亲而族有庶人，贱无能也。王养老而有司引年，称其德也。王兴贤而司正相旅，备其礼也。王制岂一端然？而论者知爱不知义。

俗与义

五方之民皆有本俗，而诸夏又有义焉。行礼不求变俗，自守其道也。本俗六安万民，地官从俗也。入门问讳，入国问俗，君子自修与为国一也。俗之别者，或以氏称，或以方居，如宋之章甫、吴之祝发。则诸夏之异于海外者，不在风俗一律，在存其俗而尚周礼，事其君而比于义，是以天下不因本俗而土崩，四方乃因王制而向化。

俗者，行礼不求变俗之俗也。义者，君臣以义合之义也。去国三世，仍其旧俗者，本不可忘，忠义所生也。兴起之日，从新国政者，父祖在此，事君无二也。制此礼者，见本俗与道义相成也。

古文则三恪嗣焉，六族享焉，亳社在焉。今文则通三统焉，存三正焉，托王鲁焉。盖往古来今，流风善政，皆备采择。然而周公所作，待素王下达也。

故周王受命，新宋为公，杞陈为侯。先王收胥，降为故俗。唐以戎索，卫以夏政，齐因海岱，鲁用白牡，一于礼乐而已。然而六典九法，两京八师，九州方伯，国有二守，是以不下明堂而觐诸侯，不假辞令而正礼乐。是以墨齿题雕，男女同浴者，亦戴好冠；筚路蓝缕，兄弟相乱者，能举灭国；茹毛饮血，狐狸所居者，归为齐民。则周公制礼，非存旧俗，又立表焉。本俗不顾，则五方不安；道义无着，则兄弟阋墙。

故周礼言九服，春秋别夷夏，内王畿而外五服，内五服而外要荒。自内推外，义行于天下也；自外归内，俗成于忠义也。无此差等，虽有仁心，得行之乎？王立明堂，五方之性，海外之产，非怀方训方所能尽也；故王道必假于本俗。比小事大，礼以定位，信以防乱，非一国旧俗所能知也；故安民莫贵乎忠义。

以义存俗，因俗制礼，以翼周文，以安天下。此之谓：执其两端，用其中于民也。

琐言

俗者，或因其氏，或因其政，或因其神，或因其土，或因其时。比之今日，则所谓民族、宗教、领土、历史之混杂也。或非其民而受其教，或因其土而制其民，或自古相沿而成俗，或近代求利而更张，或一方之化，或异族所逼。但若尔人称若尔事，即为俗也。若先王犹在，亦不过命之：克勤尔嗜，左右王休而已。盖王道不变俗，因其俗而教之义耳。存其俗者，又为他日资治也。

推孝及人，必有差等，然后为仁。非兼爱者，非不爱也，立为差等，然后行焉。则内诸夏而外中国，内中国而外五洲，犹自爱而爱亲，爱亲而爱人也。非不言天下也，立为差等，不使天下为空言也。差等者，人心之本能也。

夫言天下者，必先亲民。天生烝民，有物有则。民之秉彝，好是懿德。命于天而长于土，母养之而师教之，皆知本俗，皆知慕义也。喻以本俗则安，引以大义则正，内和而外中，天下不远矣！

且天下者，非有一物谓之天下也，五方之民，成此天下也。必糅五方以为天下，犹合五行以为天，可知也，其行乎？天必行于四时，天下必行于本俗。故四时行，然后北辰可尊；置社埋，然后昆仑得报。

儒生信儒，比丘诵佛，教士守诫，哲人悟真，农耕者不贸迁，阜通者不垄断，牧马者不叩关，职守者不贪墨，然后各率其类，各行其教，设有王者出，然后天下可定也。然则你我究为何方之民，所奉何方之教？亦当反朴而归真也！大本既立，然后至于物。本俗既定，然后言天下。吾固不能身居天下之俗，尚可言本俗而信，于四方之民，九州之教相与为欢也。吾固不能勤天下之事，尚可行忠义而达于士农工商，齿爵德群者有所借鉴也。大本既立，次第推及，天下其远乎？

必有本俗之固，然后天下之义也。盖本俗者，匹夫匹妇所以伦常日用也。天下之义者，匹夫匹妇所以乐群，伦常日用所以久安也。所以定亲疏，决嫌疑，别同异，明是非也。舍此彝伦，何谈普遍？无民无群，无俗无义之天下，伪天下也。吾所存者，非与我并生之天下也，芸芸众生之天下也！则天下在民，真知在行。

汉学基础

孔子

孔子为素王,以《春秋》述先王之礼,作天子之事,以为汉制法。学孔子,先读孔子所作。夫子壮年学礼,《士丧礼》(今《仪礼》之士丧礼、既夕礼、士虞礼)是其作也;五十好《易》,《十翼》是其作也;晚年立法,《春秋》(今之《公羊传》《穀梁传》)是其作也。其闲居之言,弟子载于《论语》《孝经》《礼记》及诸子者又甚多。

儒者

师,有德行以教民者。儒,有六艺以教民者。则儒者,技术人员也,治国长民修身睦亲之技术人员也。

圣人

圣,通而先识。"国家将兴,必有祯祥,国家将亡,必有妖孽,见乎蓍龟,动乎四体。"(《中庸》)虽小人、愚主,由至诚之人生在乱世,犹有至诚之德,此妖孽为有至诚能知者出也。圣人盖乐尧舜之道,修母致子,其知足以察妙徼,其仁足以怀百姓,其勇足以立天极,以为汉制法者也。

汉学

汉学为经学。必通一家师说,引先王(素王)法言以辨是非,决嫌疑,尽精微于当下,然后为汉学也。然则义理、名物、制度、属辞比事、训诂、口传、师说、博异为其辅也。汉学分古今文。今文传孔子制作,公羊学最著。古文述先王之礼,《周礼》《左传》是也。

道德

道，多才艺者。德，能躬行者。盖天理莫不具焉，而能之者鲜；良知莫不在焉，而行之者鲜。故道无求于虚极，而明于致曲；德无羡于太上，而成于践履。

仁义

仁，爱人以及物。义，能断时宜。仁不胜道，盖义而行之，为之德礼。故君子欲观仁义之道，礼其本也。又仁以待人，义以正己。天下最误事，莫过于颠倒仁义，己之不修，而惹人生厌。

爱

不言兼爱、博爱者，非不欲也，不欲托诸空言也。物有不齐，人有亲疏，物有本末，事有先后，不自进及远，以次推之，己虽欲之，人岂受之？则不言博爱者，亦不欲以己之私，加诸人也。

天理

理者，分也。物有分殊，是以格之，乃明天道之巍巍也。则天理者，处置事物之技术也。

良知

人皆有之，世上则鲜，奈何？仁义不足以自行也。故圣王立制，圣人述古，以为天下则，则民得行其不昧也。故百姓之致良知，求诸日用；君子之致良知，求诸制法。

乐

公羊三乐是圣人的重点（承冯志先生论）。借用理学术语，三悲是遭际，三乐则是天道。故三乐的提出，不能和三悲放在一个层次上理解。

乐

人之于物，或如《大学》："物格而后知至，知至而后意诚，意诚而后心正。"此颇自信，以为物来而能知之，知之而能诚之，盖大人之学也。或如《乐记》："夫物之感人无穷，而人之好恶无节，则是物至而人化物也。"此所以戒慎恐惧者，言凡人也，于是先王以感于物者，亦可为物所感，乃假干戚羽旄，以感生生，令其迁善也。此乐之本也。

学本

始于学礼，终于为圣人。不学礼，无以立。物有本末，事有终始，念厥终，唯其始，本立而道生。故君子欲观仁义之道，礼其本也。

修身

是以修身以礼，观人以行。

格物

汉宋明合参亦有趣。以理学言之，当物物格他十分；以心学言之，当事事行得利落。但问题在于，心中一存万物一理，则不免以己之一理，况天道之万殊，虽格物物，不过腔子里生造之一物。心中一谓良知在我，则不免以己之率性方天理之原委，虽正事事，不过性子上固执之一事。然则万物不能见，万事不能学也。故必以汉学，知事物善恶吉凶之所终始，然后格物方做到十分，知行方立于复礼。

章句

章句之学非所重也。而谓五经为章句者，终生不得外于章句之学矣，以其不知所以行也。心性之学，道德之论，值其不行，亦不过章句之学，不能反躬，终生不得外于章句之学矣。

小学

汉学非小学也，不过古文非小学不得通耳。以小学通汉儒之义，其小学则诚。以己之小学唐突先哲，其小学则野。郑注陈物灿然，然后义理自见，大学之道也。蔽而谓为小学，则康成何不作说名？《毛传》亦非训诂也，不诂不得通耳，蔽而谓为小学，则诗序不必作也。孔传义在白话，是以后人非之。若夫书学本在小学，则伏生不必大传矣。子夏之传，公穀之曰，皆解诂也，岂曰小学，然后为小学乎？然则古之小学贵义理，今之小学逞己意，是以所好不同，其道则违。至于宋明之训诂不审，非其不审小学，其不审汉儒义理，谓之无义理而已矣！不反其本，而承其末，恶乎所以？

天　人

　　周公摄政者何？成王不足为往也。复子明辟者何？不正适不足以为往也。夫子之时，天子不足往，诸侯不足君，是以名乱实不至于此也，是以《春秋》作焉。然则《春秋》者，贬天子，以其不往也；退诸侯，以其不侯也；讨大夫，以其不扶也。然而当时，非王无以往，非侯无以侯，非大夫无以家，是以正其名而嘉其进，录其过而与其权。弑君称君，犹武王之称商王受。罪在君，故称名以绝之，绝其天爵也；称其君以录之，不绝其人爵也。天爵可绝者，民皆知之，故有称国称人以杀，而春秋不以国人为罪也。人爵不绝者，国不可无君，而国人亦莫之君也。唯称梁亡者，人爵亦绝，而秦得君之也。篡立有成君，有不成君者，盖众服之若齐商人、蔡侯般，则成君；不服若齐无知、卫州吁则不成之也。盖天爵则贼也，人爵则人与之也。不以人爵废天爵，亦不以天爵废人爵。以人爵废天爵，则天道不行；以天爵废人爵，则百姓不附。故君子有经权焉。以天爵言之，春秋无好人。然而"三传"所不尽诛者，盖有得人爵之望者，不得绝民之望也。桓公者，得国不正，守国不正；晋文者，得国不正，为伯亦不正。然而尊王攘夷，可当方伯之爵，有圣天子在，亦不夺也，故《春秋》与之。以人爵废天爵，必至沦胥以亡，三家分晋，田氏代齐是也。

王心说

《论语》载："吾从周。"《春秋繁露》载："吾因行事，加吾王心焉，假其位号，以正人伦，因其成败，以明顺逆。"

《春秋》之义，在加吾王心。有此王心，而后有素王之制。王者，位也，天子也，时王其次也。心者，德也，圣人也，贤者其次也。心而王，则德不孤；王而心，则政不倚。读《春秋》者，学所以王，则先王之道，布在方策；学所为心，则尧舜之乐，见于行事；则无愧始于学礼，终乎为圣人。

后世言王心者若鲜，实不孤也。杜武库谓周公之礼、仲尼笔削：周公之礼，王制也；仲尼笔削，圣心也。宋明《春秋》，尊王攘夷，未若《公羊传》。然而宋明之治周礼，在乎周公之心，证以汉唐之政，其实王心焉。《公羊传》素王、王鲁，而天王不二，故宋明之《春秋》，得《公羊传》之经矣。周礼烦琐，言不及义，而宋明以恤王心，亦得康成所以尊周礼矣。夫子之作《春秋》，以《周礼》为经，而鲁史为损益。后世悠隔，《周礼》断烂，是以《春秋》为经，而汉唐为损益，温公作《通鉴》，朱子作《通鉴纲目》是也。惜《春秋》《周礼》非宋明之显学耳。

今之读王心，又有间矣。则当以汉唐宋明之圣心为经，而以清民国之史为顺逆，然后经权实正，王心如一。否则，学其王者止于心，学其心者非所王，则王心犹是二物。故学者当娴于周秦汉唐宋明之制，以见上国有极。

素王者，王心所加，甚易解也。王鲁者，不过以附庸来朝，及称元年云者。然则王鲁礼乎？曰：礼也。以周公之礼言之，封建藩屏，所以树德也。文王有德，以五十里，况鲁之七百里乎？天子之同姓，有与士齿，况为三恪乎？成康有德，世为天子；平惠失道，降尊方伯。

然则从周者，深体周公之心也。《春秋》者，以周公之心见诸行事也。然则从周者，在乎《周礼》《王制》《周官》之属，然后有度功食民，制礼观德之用。

王心说，就是要把王制作为认识世界的工具和方法，去广阔地认识世界和改造世界。

在这里，《左传》的方法值得关注。《左传》包含三个层面：先王之礼，时王之礼，春秋笔法。由于文字断烂，我们也许永远无法确知《左传》的取舍根源了。但左氏的分析方法，却是可以传于后世的。

先王之礼，即周礼。

时王之礼，严格来说非礼，但在当时，有助于诸侯秩序，故左氏亦不故作高论。

有违先王之礼或时王之礼者，当为指出。又违礼之中有反经而善者，有其心可原者，亦为之解说。

三者"三传"皆有，而"公穀"[①]偏重《春秋》，独《左传》明言有古礼，有时制。

今日格物亦如《左传》。遇一事，读一史，当问：

（1）以先王之制奈何？先王之制者，以周礼或汉唐宋明之制方之比之。

（2）以时制奈何？分析时制，则如入室操戈。以今日之承诺，推定其是非也。

（3）其间美恶奈何？

"公穀"是一元礼制，《左传》是二元礼制。桓公，《公羊传》不以为方伯，而《左传》以为方伯，是其明证。宋儒因于《公羊传》，亦为一元制。然则"公穀"名虽不与，其实与之。而宋春秋但知尊王，不知方伯。是宋明春秋但有《周礼》，而无《春秋》也。又《公羊传》言权，言三世，亦以应变。《穀梁传》言礼，亦言正，亦有变焉。

---

① 《公羊传》《穀梁传》的简称。

后 王 说

蒋先生《公羊学引论》曰:"在公羊学看来,孔子作《春秋》是新王,孔子改制立法是后王,孔子继承文命是文王,孔子有圣德无圣位是素王。"又论荀子与公羊学,其一:荀子传公羊通三统之说。荀子曰:"王者之制,道不过三代,法不二后王。道过三代谓之荡,法二后王谓之不雅。"其二:荀子传公羊三代改制质文之义。荀子曰:"后王之成名,刑名从商,爵名从周,文名从礼。"又曰:"若有王者起,必将有循于旧名,有作于新名。"

然则荀子所谓后王者,素王也。何以不过三代?不过夏商周三代也,其实荀子亦称尧舜。荀子所谓不过三代者,不过《尚书》正经,犹如《礼运》之大同小康也。谓之不过者,以时人过之也,盖黄老及术士之学,号称黄帝、羲农也。法不二后王者,后王也,非霸、诸侯、灭国之谓也。《王制》一篇辨王霸俨如孟子。其所谓后王者,桓文所不逮也。然则孰能当之?

《非相》曰:"辨莫大于分,分莫大于礼,礼莫大于圣王;圣王有百,吾孰法焉?"曰:"文久而灭,节族久而绝,守法数之有司,极礼而褫。故曰:欲观圣王之迹,则于其粲然者矣,后王是也。彼后王者,天下之君也;舍后王而道上古,譬之是犹舍己之君,而事人之君也。故曰:欲观千岁,则数今日;欲知亿万,则审一二;欲知上世,则审周道;欲审周道,则审其人所贵君子。"今日以当千岁,周道以当上世,则后王以当百尔圣王者也。然则奈何?于审周道,则审其人所贵君子。何谓也?《公羊传》曰:"末不亦乐乎尧舜之知君

· 32 ·

子也？"《荀子·不苟》曰："天地始者，今日是也。百王之道，后王是也。君子审后王之道，而论百王之前，若端拜而议。推礼义之统，分是非之分，总天下之要，治海内之众，若使一人。"然则后王不在乎有王其位，在乎有君子继其德也。《公羊传》曰："制《春秋》之义以俟后圣，以君子之为，亦有乐乎此也。"又《荀子·正名》曰："后王之成名：刑名从商，爵名从周，文名从礼，散名之加于万物者，则从诸夏之成俗曲期，远方异俗之乡，则因之而为通。"刑名从商者，五刑、九刑之名。《礼记·大传》以唐虞象刑，然而《皋陶谟》亦有五刑。《汉书·刑法志》有甲兵、斧钺、刀锯、钻凿、鞭扑。《白虎通》《尚书·孔传》作五刑：墨、劓、剕、宫、大辟。《左传》则有九刑：墨、劓、剕、宫、大辟、流、赎、鞭、扑。《左传》曰："夏有乱政，而作《禹刑》；商有乱政，而作《汤刑》；周有乱政，而作《九刑》。"未闻商刑异于夏者也。然而夫子曰："行夏之时，乘殷之辂，服周之冕。"荀子何不及夏也？其如董子之论三代乎？后王成名，则以春秋当新王，新周故宋，以不及夏也。爵名从周者，谓文家五等爵也。散名之加于万物者，则从诸夏之成俗曲期，远方异俗之乡，则因之而为通者，直如公羊：地物从中国，邑人名从主人。然则文名从礼者，当参"三传"然后解之也。

呜呼！"凡成相，辨法方，至治之极复后王。慎、墨、季、惠，百家之说欺不详。治复一，修之吉，君子执之心如结。"

受 命 说

《中庸》言大德者必受命。然而张延国先生论《公羊传》有三悲，盖子路死，颜子逝，麒麟获，夫子泣沾袍曰：吾道穷矣。于是制《春秋》之义以俟后圣。如此言之，则夫子何以为大德必受命？窃谓必与《中庸》参看而得之也。文王者，三分天下有其二，以服事殷。然则文王为西伯，非天子也，未得其位也。《礼记》亦曰："武王末受命。"则文王诚诸侯也，未尝受命也。然而周世以为文王受命，何哉？盖文武之德一体也。武王观兵盟津，一戎衣而有天下，盖载主而行也。古者出兵必载社主及祧主出行。然而祧主者，毁庙之主也。则武王之载祢主，明非载主而行之谓也。盖武王曰："予克受，非予武，唯朕文考无罪。受克予，非朕文考有罪，唯予小子无良。"（《尚书·泰誓》）武王者，述事继志，以成文王之德也。故武王末之受命，即文王之受命也。可见大德必受命者，非必位在寿限之内也。文王之受命，而武王得其位。一如夫子获麟受命，而其位在王鲁立法，以为万世素王之位也。则文王、夫子受命一也，而其受命之位，或在子嗣述事，或在弟子继志，不必在其一身，而其受命也无疑也！又周公追王大王、王季，疏谓改葬。然而礼，"已孤暴贵，不为父作谥"。盖作谥，嫌以子爵父也。则纵使改葬大王，其追王不亦以子爵父乎？周公必不为也！然而周公所以追王者，盖以大王实周受命之王也。大王之前，周人越在戎狄，未有家室，自古公率西水浒，然后周原膴膴，作庙翼翼，乃召司空，乃召司徒，乃有"虞芮质厥成，文王蹶厥生"（《诗经·大雅·绵》）。公亶父岂不大德乎？以其子论之，泰伯其至德也，

· 34 ·

虞仲亦让国克家，奄有勾吴。王季及其元子文王自不待言也。有如此之德，如此之子孙，岂非天之受命与？于是周公乃申天道，正其本源，以追王之。非周公爵父也，盖大王、王季、文王之受命，至武王末而终得天子之位也。古人不以一身为限，而以宗族为心。则天之受命，之必得其位者，以不以寿限为界也。古人未有阴阳世界之念。死人生人，同一天地，但死者体魄荫于野土，魂则无所不之。生死并非隔绝也，形态不同耳。则古人于生死亦未如后世之恐惧也，不过阴阳聚散，且若子孙血脉相承，弟子精意入神，则时祭释奠之时，神人和畅也。则古人之谓受命者，而以子孙成之，弟子行之，亦大德必受命之谓也。

或问：以周之蕞尔，何以受命？窃谓王季当帝乙时，则古公或当帝武乙前后。《史记》曰："帝武乙无道，为偶人，谓之天神。与之博，令人为行。天神不胜，乃僇辱之。为革囊，盛血，卬而射之，命曰射天。"帝乙无文，商纣则尽人知之。又《尚书·泰誓》曰："乃夷居，弗事上帝神祇，遗厥先宗庙弗祀。"此于殷末甲骨亦相参证，商纣殆祀，而周人犹为之上祀文武帝乙（姻亲关系故也）。则商之失德，周制笃敬也何如？又"纣为天下逋逃主，萃渊薮"，亦见其狎昵小人，以悖亲亲。《尚书·蔡仲之命》曰："皇天无亲，唯德是辅。"则殷失其德，周有其道，天必知之。然必因其材而笃焉。所谓栽者培之，倾者覆之。天岂好战者也？忍令百姓荼毒？必也容其自新，以待民听。故《诗经》云："殷之未丧师，克配上帝。"必也民曰："时日曷丧？予及汝皆亡。"然后革厥天命，改厥元子。然则天之受命，亦有以察之。《礼记》曰："怠则张而相之，废则扫而更之，谓之社稷之役。"则天欲革命，亦必寻能行推亡固存之道，以为社稷之役者为之。则受命之王者，必若文王之三分天下有其二，以服侍殷，犹待商纣之自新也。必若武王，观兵盟津，不期而至者八百诸侯，而后知纣之不可为，然后牧野鹰扬，会朝清明也。则天之受命饶有历年，商有三朝之恶，然后弃之；周有四代之美，然后爵之。然后受命之大德，亦不过行其无事，尽其事功。大王，则始体国经野，设官分职也。王季则勤其礼乐，商末殆祀，而王季上奉殷之先王（周原甲骨可证），以为小诸侯也。文王则受封西伯，化及南国，其时受辛东征，而西土端赖文王，而文王亦未以践位为意也。武王继文王之心，而商已丧师，故不得不扫而更张，以承天命也。商纣自焚，武庚继封，然而武王何寝能御（《逸周书》），是其臣子之心犹有未安也。是故三监一叛，宁人欲走（《大诰》），是时周人犹未有王天下之心也。待周公肯堂肯构，正是四国，然后殷民知命，顽民顺生；周公归政成王，制礼作乐，然后天命得位也。明见天之受命不在一人，亦不能以一世为限也（此处受命特指受命为天子）。

殷之天命的结束是以牧野之战为标志的。武王载文王之主伐纣，《尚书·泰誓》曰："予克受，非予武，唯朕文考无罪。"盖武王以为周国之事，在文王承受。而但曰无罪，是还不敢以为天命在我文王也。然而《中庸》曰："周公成文、武之德，追王大王、王季，上祀先公以天子之礼。"是周人平国之后，追念先祖，以为周之受命自古公亶父，是以王之也。可见在古人心中，受命是一个家族述事继志，恒德而成者也。同时古人亦战战兢兢，不敢轻以天命自诩，故不到革命成功，是不敢质疑前王天命的。然而商汤有葛伯仇饷，武王有孟津大会，是以知后来其苏，故不敢不征也。《礼记·少仪》曰："为人臣下者，有谏而无讪，有亡而无疾；颂而无谄，谏而无骄；怠则张而相之，废则扫而更之；谓之社稷之役。"张而相之，扫而更之，及诛一夫，理则一也。以三代言之，新王革命的过程，恰恰是一个张而相之的过程。文王三分天下有其二，以服侍殷，盖犹望殷有贤臣，可以更张。但这是愿望，就历史进程而言，文王的忠诚、诤谏，恰恰客观上暴露了独夫的不可维新。于是孟津之会，诸侯望周如望云霓。武王是以不敢不成文王之志也。文王之志在服侍，武王之假以征伐，只是平天下在不同环境下的结果而已。伊尹、周公，是因为时王可造，所以不必扫而更之。很多文献认为周公是摄政称王的，明见周公并不怯于大位，其南面北面，皆为文王基业而已。

故积极言之，天难忱斯，不易维王。不敢不战战兢兢，如朽索以驭六马。以消极言之，则殷之未丧师，克配上帝。盖天之受命，必世而后仁。天之革命，必三宥而无及。

孟子之论诛一夫，以《春秋》言之。若为大夫者无道，大夫得执之乎？归之士师则可。若为诸侯无道，诸侯得讨之乎？诉于天子则可。苟天子失位，则诉于方伯可也。方伯不得，则缘恩怨而义亦可也。盖不以天子、方伯失位，而不行义也。天子者何？公羊说：天子一爵也。左氏说：人有十等，而天子为首。则天子亦不过奉天而已，所以元年春王正月，元、春在上。天子若是失道，便是一夫。就如国君无道，则弑君，称君，君之罪也。此尊天也。尊天，故不为天子嬖幸臣。为君率兽食人，而不诛之，是为妇妾而不知天也。然则，为臣者何以知天？观民而已。吊民伐罪，解民倒悬，不知天乎？况独夫殆弃弗祀，为逋逃主乎？旧王失道和新王受命是要分开看的。天子失道，尽人皆知，正因尽人皆知，天命乃有所变。文王不会认为自己已经受命，但天下人尽知殷已失道。也就是说，此时新王不知为谁，但时王已是独夫则无疑，所以才会有孟津之会。若无之，武王亦不会伐纣，虽有之，武王且不伐纣！然而孟津之会，则纣为独夫不已昭然？有杀比干而囚箕子，若不知其为独夫，不是侮天下人，不是欺天吗？虽然，知独夫，不等于自知天命，故武王亦不敢。且武王胜殷，亦曰"未定天保"，且不敢自安。是以武庚叛乱，宁人但求自保旧疆而已。该周人不敢自称天命有在也。故须周公喻以宁王之勤，示以大宝龟。营东都，制礼乐，还政成王，然后功成。非武王敢自称受命，敢目时王为独夫。纣自为独夫，天下人皆知之矣。武王若是不知，岂不悖天暴民之甚，不仁不义之甚？圣人者，非谓天人感应，可知天命——汝纵知之，何敢自居？若自居者，乱臣贼子而已，天且诛之。惟文武不以天命自居，而观民之愿，以诛一夫，是以为新王。新王故非圣人忍言，然则天子失道，独夫在位，岂非天下人尽知之者？何必圣王，然后与之？是以秦为独夫，圣人之后乃投陈胜，何必陈胜受命为然？然则秦为一夫则知之矣！岂孔氏谓秦为独夫？天下人皆谓之矣！天明威自我民明威。不要忘记亲民。民愿非人愿，亲民非亲人，两者岂可混淆？既曰文武不以非臣，则文武亦何敢自称圣人以知天命所在？且纣为一夫，一夫岂有臣？蜚蠊、恶来则嬖幸而已。我之义：民皆知其为一夫，然后武王伐之，以武王周公有德，乃定其天保。纣不为一夫，或虽为一夫而百姓不以为一夫，或百姓虽以为一夫而不推戴武王，则武王亦不得伐之，亦不得不以臣事君。然则独夫明矣，百姓归之明矣，独夫则无臣，无臣则讨之可也。而武王乃为革命。君以为武王自以为臣，然后弑君，又谓之命，又以为从天命。是何言与？况武王悬纣与妲己之首于白旄，可谓臣道正君而不得已乎？此盖声罪致讨耳，非谓王致讨，为天致讨，而示诸民也。武王称商王纣，不以为君也。肃将天威，则知受命。天佑下民，作之君、作之师。唯其克相上帝，宠绥四方。武王以民知之耳。

又时王失德，庶人受命，在汉儒看来，等闲事耳。黄老非汤武，而辕固生论于景帝。汉末失道，而眭弘奏禅位，刘子骏、扬子云佐新莽。盖汉儒视之，天子不过奉天之一爵。或家焉，或让焉，五德终始，求其宜耳。迨后汉禁谶纬，魏晋汩禅代，是以后儒未敢闻也。

君　父

无父必无君。父，至尊也。犬马且能有养，不腆禽兽之群，其将自比于枭獍乎？故无父则无君。

无君必无父。君，至尊也。孝子忠于事君，以正事亲立身，其将自外于天地乎？故无君必无父。

故无父无君，经术之大忌。

事亲者而知尊君，乃自父母亲昵，而知尊祖敬宗。敬宗，则虽庶孽，得与始祖同心。

尊君者始于事亲，乃自洒扫进退，而知亲疏名分。名分，则虽仆台，能与君子协力。

故尊尊亲亲，文质之再变。

父者，自亲而尊，父祖至于曾高，比于大宗，至于大宗始祖，至于五帝之德。

君者，自尊而亲，五帝降于先王，宪于素王，降于正统后王，降于继体时王。

故事父之道终身，事天子之道终天下。

君 师 长

《孟子》曰："天下有达尊三：爵一，齿一，德一。朝廷莫如爵，乡党莫如齿，辅世长民莫如德。"

《学记》："能为师然后能为长，能为长然后能为君。故师也者，所以学为君也。"

师者，有德者。君者，一爵也。长者，本意为齿长。

爵者，天工。君者，以爵以德。正统之君，天爵也。受命之君，立德也。继体之君，德或不充，以有爵也，盖父祖之德犹在，时君之爵无将。夫篡弑之君，无德亦甚，唯祖德未尽，伯定于外，臣贽于内，亦得爵也。盖君不以大罪绝大夫大祀，岂亦不得以篡弑弃先君守。天道不齐，秉心忠恕，则正统者，受之天，立于祖，其祖德所不尽，犹有爵也，篡弑当讥，而正统不替也。

师者，以贤得民也。师者，众也。君者，群也。故师亦有君道。有所不同者，君有地以养人（天子诸侯），有世家以长养人（大夫可举贤）。事君者，父祖得祀，适子食禄，可与君世世相守也。师者，未必有爵，食于天工，弟子有聚散，子弟或不才，故师徒为日夕之守也。

齿者，老吾老以及人之老也。长幼者，以齿也。长上者，以官也（官非爵，然皆位也）。吏以治得民，则依赖以德。然则平日主于齿，公事主于爵（位），威仪主于德（治）。长者义多，君子致意焉。

所期乎师者，在德不在爵，先德不先齿。

所期乎君者，先爵不先德，在乎正统，不在乎尽美也。

唯长者，齿长者，涂路敬之；位虽微，公事奉之；德虽小，我心好之。

君子知于此，凡在人群，必知尊长。若亲戚朋友则以齿，若公司、网络则以位，若学校、礼仪则以德。所谓敬长者，私事无犯，公事微谏，此长者犹然，况幼者乎？知尊君者，则知中国正统所在，闲暇读史，砥砺廉隅。知尊师者，择师而事，如事父事君焉。若无明师，亦当以古人为师，学必有法，不可造次。

道学之变

理学无君

宋明未有无君者。是以儒林不敢以天子非圣人，天子亦不敢与儒林争是非（后句孟心史语）。

而后之道学，径谓三代以下，天子不足谓圣明，大明不足为遗忠。曾谓朱子圣人，而壬午封事为佞乎？夫守道不以隐显而废道，而士夫岂以成败而无君？朱子之论立本者，至于知善恶吉凶之所终始也。复仇者，国君一体也，九世之仇犹可复也，不复仇非臣也。举贤者，天工人其代之，事制曲防也。皆通贯汉宋之义也。拘于无君之时，发为非君之义，其曰汉宋为别者何有？其曰不别者亦何有？

宋明非空谈也，向死为君，何容空谈？

汉学无王

汉学皆言受命。康成有六艺论，有六艺者，图所生也。后世则郑学沦为训诂考据校勘之学。

公羊有赤乌丹书，又有为汉制法。后世则公羊徒称素王，不知素王者，所以为汉王也。南海又强为改制之论，而夫子非为后王立法，而沦为孔教教主矣。

不论"图书"、《洪范》《春秋》所传授，则汉学亦堕为无王之学矣。

汉学而无王，是以礼乐可以易道，内外可以无别，夷夏不嫌陵替，行权不必居正，三统不用正朔，于是见诸实事之书，翻为空言。噫！

圣人为教主，《公羊传》作空言，康成称学究，礼乐会犬羊，以为无王之道，遂可以至焉尔！

春秋传授

春秋者，不徒《春秋》者，犹圣人者，不徒从周之谓也。当年夫子作《春秋》，以为托诸空言，不若见诸行事也。是以诗书礼易而外，又作《春秋》，以明诗书礼易所以用之将来也。故太史公继之以《史记》，文中子继之以《元经》，朱子继之以《通鉴纲目》，是为圣人传心。而"三传"、《胡传》，犹如周之诗书礼易，待朱子《通鉴纲目》而成其为"三传"、《胡传》也。

今人徒论《春秋》，岂不没于章句之学？且踵无王之后，章句亦非。自陆沉以来，凡例不敢用，正统不能讲，则虽有《春秋》章句，圣心何在？

礼乐传授

魏晋亦礼乐盛时，而今存其冠礼，则非《仪礼》之伦，何也？曰：士冠有醴、有醮何也？《左传》有古礼、文襄之制，《公羊传》有周制、春秋制何也？周公之存夏政、商政何也？史公之叹齐鲁之政何也？

盖礼文虽千古不变，礼器虽千载可考，礼义虽百世可推，而地有南北，时有好恶，及其行礼，莫不损益也。

故礼之授受，必有天子代为取舍，如《大唐开元礼》《大明集礼》者；或有圣人为之损益，如文公《家礼》者也。无圣人不能决其宜，非天子不能定其位。后世圣人天子虽分，诚有天子、圣人同心，以为天下作则者，则后世奉行，固《周礼》之义也，则《大明会典》是也（以《大明集礼》后有修订，载于《大明会典》）。

若必以《仪礼》之残本，匹夫之私心，以非议天子、圣人同心之《大明会典》，则亦可以三统之说非周公之礼，以为夫子所不敢为者乎？然则后世、四海之读《仪礼》者，亦犹明儒之读《檀弓》视之可也。

儒行

朝廷罢祀吴澄，读来胆寒。孝宗朝侍郎焦芳曰："草庐著述其何以加之？且道统者，谓深达往圣之域，而身有之者也。传圣门之道者，莫加于颜子，后世称未达一间。彼岂以著述为达？则今欲尚言而不尚行，则取寻常士且不应如此，而况道统之大？顾谓能修辞立言者即是，而不复论其大节？岂不悖乎？"至神宗元年，命祀吴澄于乡。

世之论儒，亦多可怪者。如《唐书》儒道不别，而《宋史》道学单列。至于《明儒学案》，郝楚望遍注群经，而不置一词；杨介夫柄执古礼，而居然不录。若张秉用虽非达礼，亦非佞人，其厘定孔子祀典，亦有可观，若论一时儒林，岂可不议？盖儒者，有经术，有性理，有行状，有功烈，罕有兼之者。以从祀言之，则当行状、功烈居先，然后性理、经术也。其行状功烈有不义者，虽学术可观，乡祀足矣。亦俾后之业儒者知方。行状，复性者也。功烈，气质未除，而有进取者。性理，教人复性者。经术，使天下知有先王者。其余章句之徒不与焉。

制度不讲，则徒余心性。大义不论，则心性不足征实，则唯余文字。是以舞文弄墨之徒，号称圣贤，遇人揭短，则曰：世事尢奈。

礼乐仪则

身体发肤，载在《孝经》，凡髡完耐者，刑余之人也。而业儒者不呼为天下无孝子，无正人，而猥曰一朝有一朝之制。如《孝经》何？

凡行礼，莫不衣冠为先。人无所依，焉有其仁？而业儒者不痛哭黄帝之统断绝，而猥曰一朝有一朝衣冠。古者改制，衣冠之制有所改乎？如公羊、董子何？

五 伦 疏

父子

父,至尊也。一般来说,也是血缘最近。但为人后者以为所后三年,为本生期。则为人后者之父子一伦,主于尊,而不主于血亲。

母,资于事父以事母而爱同。同时,母不称至亲。古者,母谓嫡母,未必血亲。所以母子关系和父子关系不同。母子关系是建立在父子关系的确定上的。故继母如母,孝子不敢殊也。慈母如母,贵父之命也。郑注:大夫之妾子,父在为母大功,则士之妾子为母期矣。父卒则皆得伸(三年)也。是生母虽亲,以理降于嫡母也。

兄弟

兄弟是男性关系。今人欲以姐弟、兄妹代之者,必不能也。古者男女别行,不称姐弟、兄妹。男女七岁不同席,主别而不主亲。且女子许嫁,虽父母,无故不入其门,况男子乎?

兄弟亦不必血亲。盖古之兄弟,有母弟,有兄弟,有同堂,有再从、三从,后世虽出五服,亦有通谱为兄弟者。而古者继母之子、继父之子,亦为兄弟,则绝无血统矣。

故今人以血亲论兄弟,非古典也。

士人十岁出居外傅,虽兄弟,助于同门同志矣。民氓六尺有政,虽兄弟,听于长上矣。故兄弟之伦,入则资于父子,出则资于朋友、君臣。

今人欲于父子、朋友、君臣外别求兄弟,又以姐弟、兄妹以为兄弟,不唯昧古,且不知人性也!不有同门同志,则古人亦曰:虽有兄弟,不如周亲。今人所好兄弟者,似不出玩伴、读伴,而古者

· 45 ·

玩伴则乡里尽是，读伴多用书童。盖以男童心理言之，玩则二三人嫌少，读书则无主次不成。今若不能友于乡党，能并生三四男儿乎？古者，男孩自小任侠于乡里，是能有天地四方之志，岂但兄弟二三人若一二人之谓乎？

又伯仲叔季，各有其性。今不别男女，冒充兄弟，为害最大。有姐弟者，女孩生于今日，厚望亦不为过。而男孩应称长子，反以小弟唤之。岂不知伯者承家，叔季讨巧乎？子虽幼，元子哉！

兄妹之别，古人但为妨嫌，今非诗礼之家，亦不能矣。但据说虽萝莉控，亦不家中渔色，非其有耻，盖男女久处，固有不和耳。故有妹之兄，与家门独子，并无区别，依旧以朋友为手足。唯可忧者，兄随狐朋狗友，妹将奈何？

古之兄弟奈何？曰：在乎宗族。所以弟敬者，长子有父道，故父死从兄；长子有宗道，庶子有为，祭于宗子；无成，庇于兄长。所以兄爱者，长子去国，其弟奉祀；长子有子死，其弟为相；无子死，其弟承重。故兄弟一体，然后本枝百世。无兄不足以正本，无弟不足以华族。父子可以传重，不能保世家无虞，是为兄弟之义。

今不以宗族可贵，不以圣贤（始祖）之祀不忍绝，则虽有兄弟，亦如路人耳。

朋友

同门曰朋，同志曰友。前者基于学派师承，至少也要像宋明书院一样，有立本处。不知今日研究生、博士生或者师徒相授如技工、中医、刑侦、功夫之类，是否亦有特定师道的传承。同志，一般作为前者的拔高。

古者兄弟共产，朋友通财。且兄弟以学习、劳作于朋友中，其实兄弟与朋友差别不大。所不同者，兄弟共产为本，朋友通财为宜。

古者入学序齿（天子世子犹然），故古之朋友，亦以兄弟称之。则自兄弟至于朋友，可一体而观之。母弟至亲，然后兄弟、堂兄弟、再从、三从（以上同族）、同宗、同姓，至于异姓，则朋友是也。

古者朋友亦男性关系，至今异姓曰朋友者皆加性别。可见朋友本以同性为正。今日非如古时别男女，所以然者，盖男女固有不同也。

古者兄弟朋友，以同床共枕为美谈。今人见男女亲昵不厌，见同姓牵手则惊，以古言之，亦诧可怪也。

君臣

郑《丧服》注："天子诸侯及卿大夫有地者，皆曰君。"疏："士无臣，虽有地不得君称。"盖有臣者曰君。又大夫之臣自称仆，称大夫为主，以避国君。又《学记》曰："能为师然后能为长；能为长然后能为君。"则为师及为官而有下属者，皆有君道。故古之君臣，犹今之上下也。君者，群也。凡有若尔人欲为某事，或称党，或称会，或称帮，必有主席、议长、头目，其实皆君之谓也。

君，至尊也。《孝经》曰："资于事父以事君而敬同。"又曰："事君有犯而无隐，左右就养有方，服勤至死，方丧三年。"以《曾子问》言之，则奉君之丧，有先于父丧。以《公羊传》言之，则诸侯在丧，先奔天子之丧，盖事君之道一也。

为人臣者，不显谏，故有诗书之讽诵。善则称君，过则称己。君臣以义合，三谏不听则去之，以微罪行。是事君之道也。

为君之道，则《春秋》曰："以元之气，正天之端；以天之端，正王之政；以王之政，正诸侯之即位；以诸侯之即位，正境内之治。"杜武库亦曰："体元居正。"《礼记·礼运》曰："夫政必本于天，殽以降命。命降于社之谓殽地，降于祖庙之谓仁义，降于山川之谓兴作，降于五祀之谓制度。"《尚书》曰："天工人其代之。"此其大概也。

君有臣，臣又有臣，则有陪臣、曾臣之义。中夏非有一定之规（若欧陆陪臣非己臣，英国陪臣称臣），亦如"门内之治恩掩义，门外之治义断恩"（《礼记·丧服四制》）。若天子之守臣，虽命于天子，以监临诸侯，日月不殊诸侯之臣也。诸侯之臣，有尊攘之义。大夫之臣，有国事之责。亦徒义而已。君臣之义非但君臣之谓，犹父子之伦非但父子之谓。以三为五，以五为九，然后有九族，君臣亦有正二考殷辅之法也。然后推而立极，爰有王道也。

夫妇

妻者，至亲也。古礼为父、母、妻、长子三年（《左传》《墨子》）。《仪礼》厌于母，主于父，故为不杖期，其实仍心丧三年。妻者，齐也。其来，同牢合卺；死后，同几一气。虽然，妻者，谓元配也。虽曰娶则为妻，奔则为妾，而亦有别焉。成季有曰：以死奉殷。是不以妻为妻，而以元妃为正也。

守礼之妻，必为元妃。"适妻死，以媵为继室，上堂称妾，屈于适也；下堂称夫人"（古《公羊传》），尊行国家。适妻而外，不得祔庙。"庶子为君，为其母筑宫，于子祭，于孙止。"（《榖梁传》）然则非礼再娶，亦当如斯。后世僭礼，则庶子承重以尊母，或因亲自尊其女，则有妾祖姑之位，五夫人之说。

若夫庄公割臂盟孟任，以成季之义，时当应为正妻。庄公不能正始，畏于大国，履祸之渐。要以私盟为过，而元配是实，今为父母者，亦当命之迎，以本初心。若夫拂郁其间，必令二三其德，则嗣无佳偶矣！古人以父母为重且如此，况今以夫妇为重乎？

虽然，夫妇之德又有别。妇德在事舅姑，士德在奉公。

古之妇人，在家有父女、母女、姊妹、朋友（若庶民夜绩），出嫁有舅姑、娣姒（今曰妯娌）、嫡庶（妻妾婢）、朋友（如笄礼之宾）、夫妇。妇人无君，以夫为君。

男子之序，君臣、父子、兄弟、朋友、夫妇。女子之序：夫、舅姑、父母（父没则长兄）、子女、嫡庶、娣姒、朋友。

古者男子称孝，以其妻善事父母。妇人称孝，以其善事舅姑。今当夫妇善谋两全之策。

经典中的五伦提纲

一、父子

为父斩衰三年,传①曰:"父,至尊也。"

资于事父以事母而爱同。父在为母齐衰期,传曰:"屈也。至尊在不敢伸其私尊也。父必三年然后娶,达子之志也。父没齐衰三年。"慈母注:"大夫之妾子,父在为母大功,则士之妾子为母期矣。父卒则皆得伸也。"

何谓三父八母?

嫡母:谓妾生子称父之正妻。斩衰三年,家礼齐衰三年。周礼即称母者。

继母:称父娶后妻。斩衰三年,家礼齐衰三年。周礼继母如母。

慈母:谓所生母死,父令别妾抚育者。斩衰三年,家礼有命齐衰三年,不命小功。周礼但谓命者,慈母如母。

出母:谓亲母被父出。齐衰杖期,家礼周礼为父后者无服。唐神龙元年改齐衰三年。不为父后者,父在齐衰期,大约己母与嫡母同。

嫁母:谓亲母因父死再嫁他人。齐衰杖期,家礼周礼为父后者无服。从继母嫁谓父死继母再嫁他人随去者。古者虽从母嫁,继父有义者,亦敬其为生父之子。

庶母:谓父有子妾。嫡子、众子齐衰杖期,所生子斩衰三年,家

---

① 传,指《仪礼·丧服》中的传,一般认为是子夏所传,下同。

礼周礼嫡子、众子为之缌麻。太祖洪武七年《孝慈录》定嫡子、众子皆为庶母齐衰杖期。

乳母：谓父妾乳哺者即奶母。缌麻。

养母：谓自幼过房与人。斩衰三年，家礼齐衰三年。经无之，宋开宝礼定齐衰三年。

所后父，斩衰三年。传曰："受重者必以尊服服之"，"为所后者之祖父母、妻、妻之父母、昆弟、昆弟之子若子。"

同居继父：两无大功亲，谓继父无子，己身亦无伯叔兄弟之类。不杖期；两有大功亲，谓继父有子孙，自己亦有伯叔兄弟之类。齐衰三月。

不同居继父：先曾与继父同居，今不同居。齐衰三月。自来不曾随母与继父同居。无服。

父母为子。子（女子同众子）明长子、众子不杖期。家礼周礼长子三年，众子不杖期。太祖《孝慈录》定父母为嫡长子与众子同。

父为长子则为其长子三年。传："正体于上，又乃将所传重也。"

母为长子齐衰三年。妇人不二斩，亦不敢降。

兄弟之子犹子也。

出入。若过继，则为所后父斩衰三年，本生父母降为齐衰期。

女子在家从父，既嫁从夫，故在家为父斩衰，出家将齐衰期，被出归宗又为斩衰。

孙（孙女同众孙）嫡孙不杖期，众孙大功。盖长子死，而长孙承重，故不降之也。《公羊传》曰："不以父命辞王父命，以王父命辞父命，是父之行乎子也。"

以三为五，以五为九，上杀，下杀，旁杀，而亲毕矣。

君，至尊也。资于事父以事君而敬同。不以家事辞王事，以王事辞家事，是上之行乎下也。

《风俗通》曰："凡黔首，皆五帝子孙。"利玛窦《天主实义》："人知事其父母，而不知天主之为大父母也。人知国家有正统，而不知唯帝统天之为大正统也。不事亲不可为子，不识正统不可为臣，不事天主不可为人。"自帝尧绝地天通,中国之人,不敢身自事天,故无祈祷云为。虽然,或以道方,或以理称,或以易占,或以元深,亦不可无天帝之尊也。

二、兄弟

弟出于孝,本于事兄,而及于宗子,而及于长上,而及于朋友。

内朝虽有三命,不逾父兄。诸侯之国,士一命,大夫再命,卿三命。"一命齿于乡里,再命齿于父族,三命不齿。"(《周礼·地官·党正》)不齿者,特为位,不在父兄行列中。周代内朝亲亲为主,外朝尊尊为主。故当内朝,虽贵至卿位,不敢越于父兄。

"支子不祭,祭必告于宗子。"(《礼记·曲礼》)

"不敢以贵富加于父兄宗族。"(《礼记·内则》)

"敬长,为其近于兄也。"(《礼记·祭义》)

"群居五人,则长者必异席。"(《礼记·曲礼》)

"长者举未觯,少者不敢饮。长者赐,少者、贱者不敢辞。"(《礼记·曲礼》)

"长者与之提携,则两手奉长者之手。负剑辟咡诏之,则掩口而对。"(《礼记·曲礼》)

"从于先生,不越路而与人言。遭先生于道,趋而进,正立拱手。先生与之言则对;不与之言则趋而退。"(《礼记·曲礼》)

"从长者而上某陵,则必乡长者所视。"(《礼记·曲礼》)

"谋于长者,必操几杖以从之。长者问,不辞让而对,非礼也。"(《礼记·曲礼》)

"以孝事君则忠,以敬事长则顺;忠顺不失,以事其上,然后能保其禄位,而守其祭祀。盖士之孝也。"(《孝经》)

"有子曰:其为人也孝弟而好犯上者,鲜矣!"(《论语》)

"父之齿随行,兄之齿雁行,朋友不相逾。"(《礼记·曲礼》)

"年长以倍则父事之,十年以长则兄事之,五年以长则肩随之。"

(《礼记·曲礼》)

行一物而三善皆得者,唯世子而已。其齿于学之谓也。故世子齿于学,国人观之其一曰:"将君我而与我齿让何也?"曰:"有父在则礼然,然而众知父子之道矣。"其二曰:"将君我而与我齿让何也?"曰:"有君在则礼然,然而众着于君臣之义也。"其三曰:"将君我而与我齿让何也?"曰:"长长也,然而众知长幼之节矣。"故父在斯为子,君在斯谓之臣,居子与臣之节,所以尊君亲亲也。故学之为父子焉,学之为君臣焉,学之为长幼焉,父子、君臣、长幼之道得,而国治。(《礼记·文王世子》)

"食三老五更于大学,天子袒而割牲,执酱而馈,执爵而酳,冕而总干,所以教诸侯之弟也。"(《礼记·祭义》)

可见长幼之道,亦自天子达于庶人。

三、君臣

《孝经》:"资于事父以事君而敬同。"可见事君之道,古人归于孝。

礼,父招无诺,则君命招,不俟架而行。

子不敢当阼阶,则入公门,鞠躬如也,如不容。立不中门,行不履阈。过位,色勃如也,足躩如也,其言似不足者。摄齐升堂,鞠躬如也,屏气似不息者。出,降一等,逞颜色,怡怡如也。没阶趋进,翼如也。复其位,踧踖如也。此皆公门之容,非庶人,如公门必趋,为容。趋在堂下是碎步小跑,堂上是脚后跟不离地而碎步。为容,执笏拱手,大袖翩翩,有威仪也。庶人则可以进退跑,不必加礼。过位,此处指常朝(周称治朝)后,按礼,君在路寝门外门屏闲视朝,然后退居路寝听政。此时夫子由应门外九室(办公地点)入路寝奏事,过君视朝之位而变色,盘旋趋避,盖见其位如见君也。登堂而屏息,类似负剑辟咡诏之,则掩口而对,古人甚重气息。出,奏事完毕,则不得回顾,以免疑有未尽意,颜色和悦,是体现君臣相得。下堂之后复为容,如来时恭谨也。又过君位,恭敬怵惕。

人子不有私财,则天子无客礼,莫敢为主焉。君适其臣,升自阼阶,不敢有其室也。

饮药,子先尝之,则君有疾,饮药,臣先尝之。

子有孰谏,则国有诤臣。故孟子曰:"我非尧舜之道不敢以陈于王前,故齐人莫如我敬王也。"为人臣之礼:不显谏。三谏而不听,则逃之。大夫、士去国:逾竟,为坛位乡国而哭。素衣,素裳,素冠,彻缘,鞮屦,素幂,乘髦马。不蚤鬋,不祭食,不说人以无罪;妇人不当御。三月而复服。去国三世,爵禄有列于朝,出入有诏于国,若兄弟宗族犹存,则反告于宗后;去国三世,爵禄无列于朝,出入无诏于国,唯兴之日,从新国之法。待罪境上,是容君主反省也;去父母之邦,迟迟勿行焉。到孙辈乃从新国之礼,是不忘故家遗俗也。

犹如父不能字厥子,乃疾厥子。《尚书·说命》高宗曰"启乃心,沃朕心",即君应重视臣之言论,"谏行言听,膏泽下于民"。《尚书·立政》"文王罔攸兼于庶言、庶狱、庶慎;唯有司之牧夫,是训用违。庶狱、庶慎,文王罔敢知于兹",君应尊重臣之职权。《周礼》"乡老及乡大夫、群吏献贤能之书于王,王再拜受之,登于天府,内史贰之",即君应敬重贤臣。必不得已而无法相处,则如孟子"有故而去,则使人导之出疆,又先于其所往;去三年不反,然后收其田里"。

荀息曰:"公家之利,知无不为,忠也。"忠之本意,中心也,诚于其心也,其心则诚于公家之利,是以为公,为己,一也。此忠君之忠,所由来也。由于"君臣以义合","国君死社稷,大夫死众,士死制"(《礼记·曲礼》),所以,君亦有死国之事;则事君之道,亦在奉社稷,非为一人。故而孟子论贵戚之卿,则曰:"君有大过则谏,反复之而不听,则易位";论礼之时,则曰:"残贼之人,谓之一夫。闻诛一夫纣矣,未闻弑君也。"

四、夫妇

"昏礼者,将合二姓之好,上以事宗庙,而下以继后世也。"(《礼记·昏义》)

"子甚宜其妻,父母不说,出;子不宜其妻,父母曰:是善事我。子行夫妇之礼焉,没身不衰。"(《礼记·内则》)

夫妇是为宗庙、父母、后世、子孙者。虽然,昏礼先合卺同牢,然后见舅姑,然后庙见,则固主于夫妇。

《周易》:"有天地,然后有万物;有万物,然后有男女;有男女,然后有夫妇;有夫妇,然后有父子;有父子,然后有君臣;有君臣,然后有上下;有上下,然后礼义有所错。"

《周礼·媒氏》曰:"掌万民之判。凡男女自成名以上,皆书年月日名焉。令男三十而娶,女二十而嫁。凡娶判妻入子者,皆书之。中春之月,令会男女。于是时也,奔者不禁。若无故而不用令者,罚之。司男女之无夫家者而会之。"婚姻非自家事,亦国家大事。

《诗经·召南·摽有梅》:"《摽有梅》,男女及时也。召南之国,被文王之化,男女得以及时也。"郑笺:"女年二十而无嫁端,则有勤望之忧。不待礼会而行之者,谓明年仲春,不待以礼会之也。时礼虽不备,相奔不禁。是从简之中亦有礼也。"《有狐》序:"刺时也。卫之男女失时,丧其妃耦焉。古者国有凶荒,则杀礼而多昏,会男女之无夫家者,所以育人民也。"

《汉广》序:"德广所及也。文王之道被于南国,美化行乎江汉之域,无思犯礼,求而不可得也。"《行露》序:"召伯听讼也。衰乱之俗微,贞信之教兴,强暴之男不能侵陵贞女也。"虽速我讼,亦不女从。是女子之刚毅也,不畏强御以守贞信,亦礼也。《野有死麕》序:"恶无礼也。天下大乱,强暴相陵,遂成淫风。被文王之化,虽当乱世,犹恶无礼也。"郑笺:"无礼者,为不由媒妁,雁币不至,劫胁以成昏。盖贫不备礼,则野有死麕,白茅包之亦可也。若撼我帨,龙也吠,则非礼矣。"《着》序："刺时也。时不亲迎也。"礼："亲迎，男下女也。"

五、朋友

《榖梁传》曰："子既生，不免乎水火，母之罪也。羁贯成童，不就师傅，父之罪也。就师学问无方，心志不通，身之罪也。心志既通，而名誉不闻，友之罪也。名誉既闻，有司不举，有司之罪也。有司举之，王者不用，王者之过也。"

与朋友交，言而有信。言之不出，耻躬之不逮。

子曰："可与言，而不与之言，失人；不可与言，而与之言，失言。知者不失人，亦不失言。"

子曰："多闻阙疑，慎言其余，则寡尤；多见阙殆，慎行其余，则寡悔。"

子曰："朋友有信。"

《周礼》六行：孝、友、睦、姻、任、恤。信朋友曰任。

孔子曰："诗云：'朋友攸摄，摄以威仪。'朋友之难也，焉可以息哉！"（《孔子家语》）即朋友之道不可逃避。

《论语》："朋友死，无所归。曰：'于我殡。'朋友之馈，虽车马，非祭肉，不拜。"可见朋友有通财之谊。故虽车马之贵，不必拜。祭肉则拜其先人之赐也，虽轻而礼重。

子路曰："愿车马，衣轻裘，与朋友共，敝之而无憾。"（《论语》）

孟子谓齐宣王曰："王之臣有托其妻子于其友而之楚游者，比其反也，则冻馁其妻子，则如之何？"王曰："弃之。"今人与兄弟朋友皆以明算账为清。古人则可以托五尺之孤，可以寄百里之命。若不能，则弃之可也。

"交游之仇不同国。"（《礼记·曲礼》）

"父母存，不许友以死。"（《礼记·曲礼》）

"虽有国士之力，而不能自举其身，非力之少，势不可矣。夫内行不修，身之罪也，行修而名不彰，友之罪也，行修而名自立。故君子入则笃行，出则交贤，何谓无孝名乎？"（《孔子家语·困誓》，《荀子》《穀梁传》亦有类似者）

可见，朋友有彰显朋友之道。须知古人以逊让为德，故人不能自彰。然若人人不能自彰，则贤者何以"名称"？是则朋友之道也。是以《礼记·学记》"七年视论学取友，谓之小成"。

"不知其人，视其友。"（《孔子家语》）不正朋友信之为然乎？

"士有争友，则身不离于令名。"（《孝经》）

子路问曰："何如斯可谓之士矣？"子曰："切切、偲偲、怡怡如也，可谓士矣。朋友切切、偲偲，兄弟怡怡。"则朋友有相规正之责。

颜回问朋友之际，如何？孔子曰："君子之于朋友也，心必有非焉而弗能谓，吾不知其仁人也，不忘久德，不思久怨，仁矣夫。"（《孔子家语》）

古学治国说

论者曰：中国有天下而无国。

曰：非也。《大学》曰："所谓平天下在治其国者。"《公羊传》曰："国君一体也。"春秋不言国者，言君可也。《公羊传》曰："以诸侯之踰年即位，亦知天子之逾年即位也。以天子三年然后称王，亦知诸侯于其封内三年称子也。"注："俱继体，其礼不得异。"又《周礼》曰："乃施典于邦国。"古左氏曰："施于夷狄称天子，施于诸夏称天王，施于京都称王。"以天子自治畿内，与诸侯同，但施典则于诸侯耳。然则春秋称君者，即治国之道也。

无国之说，自孟子起。孟子不过欲一天下，欲托王道，而太切耳。《春秋》贵方伯，《论语》称管子。《公羊传》曰："春秋内其国而外诸夏，内诸夏而外夷狄。王者欲一呼天下，曷为以外内之辞言之？言自近者始也。"盖天下之道，始于诸夏同心，诸夏一德，始于一国（春秋主鲁，故公羊谓自京师）自正。自秦汉统一，天子自治天下，不过天子诸侯合一，谓之天下一国之道相迭可也，若曰有天下而无治国，岂大学之义也？自唐哀公榖，宋孙明复独倡尊王，以春秋有贬无褒，而生黜霸之说。窃谓：王霸对立，伯道可讥，貌若尊王，实则削平诸侯，以无王领之（上无天子，下无方伯，《春秋》恒言，故以事授之，而齐桓晋文以诸侯而伯也，实非天子之命方伯也。非方伯而谓之方伯，良以名天王而实无天王乃尔。后儒不察尊王之义，徒欲尊王之名），非可与权，亦违恒道矣。虽然，习《胡传》者，虽曰天下，实以一国视中国。君读《漂海录》之明人，自称唐国，不知以附庸视东国。《西游记》之唐僧，必通关文书乃入异邦，亦何尝天可汗之威仪？故明初混一图，虽毕陈天下；明末万国图，则列国视之（明儒之视泰西，例证甚多）。学《胡传》而小中国，清人所讥，良有以也。皇明定鼎，未以中国加乎四海者，良有以也。

三世说正论

《公羊传》何注有三世说："于所传闻之世，见治起于衰乱之中，用心尚粗觕，故内其国而外诸夏，先详内而后治外，录大略小，内小恶书，外小恶不书。大国有大夫，小国略称人，内离会书，外离会不书是也。于所闻之世，见治升平，内诸夏而外夷狄，书外离会，小国有大夫，宣十一年秋，晋侯会狄于攒函，襄二十三年，邾娄劓我来奔是也。至所见之世，着治太平，夷狄进至于爵，天下远近小大若一，用心尤深而详，故崇仁义，讥二名，晋魏曼多、仲孙何忌是也。"

论者或慕太平之治，猥曰《春秋》主夷狄进爵，远近若一。故颇以内外之说为偏狭。窃谓《公羊传》成十五年曰："《春秋》内其国而外诸夏，内诸夏而外夷狄。王者欲一乎天下，曷为以外内之辞言之？言自近者始也。"此盖一经之旨，解《春秋》之道也。以王道言之，则仲尼之门无道桓文之事者。然而《春秋》何以道之？盖"上无天子，下无方伯，桓公不能救，桓公耻之也"。（《公羊传》）若夫齐桓正而不谲，如其仁，无以尚矣。然而《公羊传》何以贤晋文？何以不责王狩河阳？读礼运者，亦颇慕三代之英。而夫子乃极言礼也，禹汤文武成王周公，由此其选也。何哉？亦言自近者始也。

或谓十五年传者，所闻世耳，正谓太平世将无别也。窃谓重在近，不在欲。王者自近一天下，岂以己欲一天下？况"进爵"非"为王"，"若一"非"一统"，孰谓定于一乎？呜呼！谈道者每无崖岸。言《礼运》，则忘修礼达义，言《公羊传》则忘不绝若线。《公羊传》张三世者，言王道有所渐，远近有所别，正如否极泰来，小人君子为长。若夫《公羊传》可去传闻所闻，则《周易》亦可泰而不否，益而不损乎？况两耦互成，不可离也，正见圣经表里若一，不可欺也！若夫论《公羊传》者而蹈清谈，则奈何宋儒以王道而斥《公羊传》？然则《公羊传》所以非宋明之齐者，盖其王道有自，经权有分也。背《公羊传》所以卓尔，慕左道托为浮华，何如《公羊传》尚质之期？论者犹必以大同升平为辞，则愚闻上古天真，民皆百二十岁，麒麟步郊，凤凰来仪，舜歌五弦，百兽率舞。公等诚能上寿童颜，四灵为友，百兽同群，则为我等操五弦琴而诲之可也。

通三统纰缪

思想可以捭阖,但名分不能不谨严。通三统,是道不易,故制(度数之类,不涉及政治体制)不得不改,不改则民不知天命(天子姓氏)有变,可以自新(作新民)。当然,这是理想。古典也有救弊说,救弊就要革命。革命后,歼厥渠帅,咸与维新。所谓新者,于汤有光,造我区夏也,以王道相继也。

讲通三统,必须学习汉儒。汉儒所讲通三统,通三代也。固然汉多承秦,但绝无以秦为统而通之者!况汉之制也,有承秦者,霸术是也。有承楚者,黄老是也。有承齐者,方术是也。是乃祧三代,而称齐秦楚,得以为汉乎?

通三统者,所以有道于中国也。称三通而祧中国,则是灭道也!

近日欲言斥大通三统,则是通华夏正统之通。正统之论固有多端,如文中子《元经》耻南朝不能复仇,而以晋、宋、元魏、后魏、隋为正。子(文中子)谓薛收曰:"元魏以降,天下无主矣。开皇九载,人始一。"董常曰:"元经之帝元魏何也?"子曰:"乱离斯瘼,吾谁适归?天地有奉,生民有庇,即吾君也。且居先王之国,受先王之道,予先王之民矣。"叔恬曰:"敢问元经书陈亡而具五国,何也?"(《元经》:"隋九年春帝正月,晋宋齐梁陈亡。")子曰:"江东,中国之旧也,衣冠礼乐之所就也。永嘉之后,江东贵焉。而卒不贵,无人也。"窃谓:文中子虽帝魏,而未尝以为正统耳。知司马文公《资治通鉴》,则盖以南朝为正,赦其苟安之罪,而汉魏相仍,不责篡国之乱。至朱子《通鉴纲目》,例"夷狄不得纪元",故五代以甲子,不录年号。

其凡例曰:"凡正统,谓周、秦、汉、晋、隋、唐,以曹魏为僭国。"至于逊志斋(方希直先生讳孝孺,下段取自四库)曰:"天下有正统一,变统三。三代,正统也。如汉,如唐,如宋,虽不敢几乎三代,然其主皆有恤民之心,则亦圣人之徒也,附之以正统,亦孔子与齐桓,仁管仲之意欤?奚谓变统?取之不以正,如晋、宋、齐、梁之君,使全有天下,亦不可为正矣。守之不以仁义,戕虐乎生民,如秦与隋,使传数百年,亦不可为正矣。若夫以女后而据天位,虽革命改物,如伪周之武氏,亦不可继统矣。二统立而劝戒之道明,侥幸者其有所惧乎?此非孔子之言也,盖窃取孔子之意也。"又曰:"苟欲假此以寓褒贬,正大分,申君臣之义,明仁暴之别,内夏外夷,扶天理而诛人伪,则不宜无辨而猥加之以是名。则三代、汉、唐、宋、明为正统,他皆变统而已。"若以王船山先生《宋论》,则宋亦逆取顺守之类。则天下正统,盖三代、汉、唐、明是也。窃谓正统或严或宽,其义则一。墨憨斋(冯犹龙先生讳梦龙)《纲鉴统一》,称李盘《世史类编》,以后唐、南唐绍唐正统,而冯子不纯华夏而不用。冯子又以甲子纪元,可谓朱子以来,正统之大概也。又,唐亡,李克用仍天祐年号,朱子许之,故朝鲜儒林,或以崇祯,或以永历,存正统于东国。则今日论正统,通三统,当以逊志斋之论,宋明士庶之公议,及朝鲜君子所寄托者为正,以夏、商、周、汉(蜀汉)、唐(疑)、宋(疑)、明为正统,而秦、魏、晋、宋、齐、梁、陈为变统。至于新莽、武周,以及北朝诸国,皆附,而后梁、后唐、后晋、后汉、后周虽无王,附于甲子。

公羊非唯夫子说

清人谓今文尊孔，古文尊周。然则左氏学以夫子为素王，左氏为素臣，何尝不尊夫子？论者以武库以周公例《春秋》，是孔子不过述事。然则素臣亦不过为夫子述事，曾谓左氏学且以左氏为无足道？然则周公制作，夫子褒贬，左氏记事，以成此王心。三君各有功烈，其心则同。其心既同，何必庖代？人亲其师，亲亲也；尚尊其源，尊尊也。周礼文质彬彬，相废者非周也。或曰朱子称子程子、仲尼，似亲师过于尊祖。窃谓亦其情也。

至于《公羊传》，其曰文王，王愆期、盘山叟而外，谁不谓周王？且通三统、宋于周为客，亦见诸《礼记》《左传》。而三乐亦称尧舜，岂异于《穀梁传》，又岂异于宋儒传心之说？且独唯夫子制作，非知夫子也，罪夫子也已！若以夫子之前，一概无经（皮鹿门），则是有《公羊传》，而无《公羊传》之由来矣！且徒称孔子，以没三正之因革，是以孔子废先王，以《春秋》作礼典也。然则夫子所以不作礼典而作《春秋》者，岂无义也？且何注《公羊传》，亦不尽以春秋制解之，则汉《公羊传》之慕孔子，盖以孔子为汉制法，而师法《春秋》也。岂曰夫子而外，不足道哉？诸生纵不信孟子之言，而夫子于尧舜禹汤文武周公而外，又有泰伯至德，管仲如仁。若唯章句为经，德行非经，则孔门弟子，何必德行言语？皆当文学且不暇，日以刻经藏石为事矣！且以纬书言之，先王授受与夫子等也，以汉儒之轻重视之，夫子盖有命无位，是以为天下师表，以作后王也。

古文盖谓凡先王言语，即为后世之经，非今人之谓史学，盖先王之见诸史也。以宋学言之,先王者,王与圣人为一也。是以必则古昔,先王诰誓,即后学之经,舍是不足道天理也。清公羊之独尊夫子,以王统绝乎?

　　且独尊夫子,是使天下至公之学,沦为孔门之私。又使天下业儒者,不知有公也。

公羊尊王说

尊王，春秋大义，至于宋明不泯者也。或以太平不别内外，或主方伯所以佐王，至于攻讦宋学。窃唯宋之《春秋》固非"三传"，而源出"三传"、郑学，则义犹未泯也。今人率以汉宋之别观汉宋，孰若以汉明同心通道统？

黜霸非《公羊传》，而尊王则《公羊传》所的然者。《公羊传》曰："上无天子，下无方伯，诸侯力能救之则救之。"又曰："桓公不能救，桓公之耻也。"然则《公羊传》必谓下无方伯，不与桓公为方伯也。是其谨严如此。何哉？《穀梁传》曰："非受命之伯，将以事授之者也。"则《穀梁传》以桓公为事授之方伯也。以至于《左传》，则三代莫非方伯，而晋楚之季，吴越之暴，亦恬然方伯矣。于此，《公羊传》谨名分，文不与也。《穀梁传》亦谨名分，行其势焉。《左传》杂采宝书，故因仍而已。然则观"三传"异同，乃有以见《公羊传》之尊王如此也。

《公羊传》："王者何？谓文王也。"何注周之始受命王。则虽有倍经任意、颠倒裳衣之说，当以周文王为正。

其《春秋》托王于鲁何？天子微弱，不能正礼，且夫子鲁人，不得周之守藏（亦不知尚在否）。则夫子欲明王道，垂万世，岂能无京师，无礼乐之萃？故夫子因鲁守周公之礼而寄托王心焉。以此示天子所以褒贬，则《春秋》非为一国之史，盖天子之道，故曰以《春秋》当新王，而夫子以是为素王。论者谓《春秋》出而新周故宋可也。盖天子如能尊夫子，法《春秋》，则不啻后世之谓更受命也。且周王之不能，夫子亦知之，故有以俟圣。而后儒因谓为汉制法也。《公羊传》曰上无天子，天王去天，盖以天之端正王耳。大夫有言责，至明且有唾溅帝衣者。《春秋》祝人成寝，而曰：歌于是，哭于是。则周人曰无天子，非今人之心无天子也。且《春秋》始终以王崩，公薨，天子七月故不书葬，《公羊传》且以诸侯有奔丧故未尽得五月，故书葬。岂可谓《公羊传》不尊时王？

公羊学说

承冯志先生论《公羊传》要点，略举数条。予亦略举数条。

以元正天，以天正王，以王正诸侯。元者，善之长也。文言亦夫子所作，《公羊传》不得殊也。然则天固至善也，王者，毅（天）以降命也。则王、诸侯，同为止于至善也（大学者，学为君也。明德者，峻贤之德、天之明命也，则王诸侯固无二也）。

通三统，即有改制之名，无易道之实。三代、汉、唐、宋、明，正统是也。道者，有发肤衣冠，个人之物也；有父子夫妇，邻里之事也；有正朔选贤，王道所系也。

三世说，其世愈乱，其治愈密，王心也。不读《左传》，不知何以谓之礼崩乐坏，而徒谓今不如古，徒谓道必不亡。子曰：人能弘道，非道弘人。不知无王之道，遂可以至焉，则不知治乱消长本不必动心。不见夫子于乱世之中，作《春秋》，为汉制法，则不知贤者不可以大悲，而忘乐乎尧舜之道。所以三世者，以乐此者必有以至于大顺也。

《左传》亦曰人有十等，而王其一也。又《尚书·皋陶谟》曰："天工人其代之。"则不论王、天王、天子，皆所以代天工也。

诸侯者，不以贤，不以长，以其正而已矣。《穀梁传》诸侯日葬，正也，谓诸侯即位正，则葬书日，盖始正终正也。盖诸侯者，受命天子，守其礼乐制度者也。嗣位不正，制度之坏也。坏法度，虽有贤者，国无宁日矣。

盖卿大夫以贤，治国在乎选贤与能也。须知古文亦不主世卿，但鲁之三桓，晋之异姓，不难取嬖大夫之功耳。

大貊小貊，大桀小桀之说切要。然而所以什一者，盖有一户百亩也。又都税归公室，采邑归大夫而贡其四分之一，又不可不以《周礼》论之也。

不治夷狄，盖《王制》曰："五方之民，皆有性也。"须知《周礼》布宪："宪邦之刑禁，以诘四方邦国及其都鄙，达于四海。"所谓不治者，不强其所不能也。所谓刑禁者，彼亦有性，有五常五伦，亦有君子，布宪刑禁，俾君子知有同心也。

"王道必自近者始"，"内其国而外诸夏，内诸夏而外夷狄"。别外内，不与夷狄主中国，而进之也。王道非空谈，皇建其极，然后会其有极；事有差等，然后各安生理。

疾灭国，国灭君死。诸侯不无故杀大夫。以《左传》证之，不唯疾灭国，大夫有罪，不废其嗣。盖故旧不遗也。

君仇不复，非臣也。宜参杜武库《春秋释例》，若弑君自立者外会方伯，内受委质，则自君臣，又不得称先君而弑之也。盖弑君者不正，而始封君之德犹在，民且归之。国君一体，故君之仇，百世可复。匹夫之仇，其身复之，又复仇不除害，灭其可灭也（罪止仇家之身）。匹夫可复国君之仇，以上有天子，下有方伯，则诸侯不得加刃焉。复天子之仇，经传无闻，理当不可。盖天亦有不时之祸，亦将仇天乎？然则避之可也。

讥会盟，贵结言。《穀梁传》曰："人之于天也，以道受命；于人也，以言受命。不若于道者，天绝之也；不若于言者，人绝之也。臣子大受命。"曰："人之所以为人者，言也；人而不能言，何以为人？言之所以为言也，信也；言而不信，何以为言？信之所以为信者，道也；信而不道，何以为道？道之贵者时，其行势也。"《左传》曰："君子曰：苟信不继，盟无益也。"而曰："（齐人不欲盟）对曰：'诸侯讨二，则有寻盟。若皆用命，何盟之寻？'叔向曰：'国家之败，有事而无业，事则不经；有业而无礼，经则不序；有礼而无威，序则不共；有威而不昭，共则不明。不明弃共，百事不终，所由倾覆也。是故明王之制，使诸侯岁聘以志业，间朝以讲礼，再朝而会以示威，再会而盟以显昭明。"

"君子之为国也，必有三年之委；一年不熟，告籴，讥也。"《穀梁传》曰："国无三年之畜，曰国非其国也。一年不升，告籴诸侯。国无九年之畜，曰不足；无六年之畜，曰急；无三年之畜，曰国非其国也。"又曰："古之君人者，必时视民之所勤。民勤于力，则功筑罕；民勤于财，则贡赋少；民勤于食，则百事废矣。"

使民以时，然城防不讥，文事武备也。郑弃师，梁亡，皆罪之。疾火攻、围城逾时，贵偏战。所恶乎火攻者，必伤平民也。虽贵偏战者，不在杀伤也。

"君臣无将"，三谏可去。亲亲如缓追逸贼，尊尊如不以父名废王父命，不以家事辞公事。

"上无天子，下无方伯，天下诸侯有相灭亡者，力能救之，则救之可也。"然则夫子作《春秋》，亦如奖桓公也。

《左传》多述晋、楚、郑事，何也？晋者，方伯（以事授之者）也。楚者，渐进也。郑者，小国善事大也。故其述国际关系最善。

会盟结言辩

或曰《公羊传》讥会盟,盖何注:"凡书盟者,恶之也。为其约誓大甚,朋党深背之,生患祸重,胥命于蒲,善近正是也。"考之传曰:"胥命者何?相命也。何言乎相命?近正也。此其为近正奈何?古者不盟,结言而退。"然则传以结言为正,未尝以盟非权。又隐公元年传:"曷为褒之?为其与公盟也。与公盟者众矣,曷为独褒乎此?因其可褒而褒之。此其为可褒奈何?渐进也。"何注:"春秋王鲁,托隐公以为始受命王,因仪父先与隐公盟,可假以见褒赏之法,故云尔。"然则盟有朋党要质,亦有翼戴天子,有反于经,然后有善者也。

《穀梁传》之恶盟,隐公八年瓦屋之盟传:"诸侯之参盟于是始,故谨而日之。诰誓不及五帝,盟诅不及三王,交质子不及二伯。"僖公五年传:"盟者,不相信也,故谨信也。"若昭公十三年同盟于平丘,传曰:"同者,有同也,同外楚也。公不与盟者,可以与而不与,讥在公也。其日,善是盟也。"是《穀梁传》亦有盟而善者也。

《左传》曰:"君子曰:苟信不继,盟无益也。"而曰:"(齐人不欲盟)对曰:'诸侯讨二,则有寻盟。若皆用命,何盟之寻?'叔向曰:'国家之败,有事而无业,事则不经;有业而无礼,经则不序;有礼而无威,序则不共;有威而不昭,共则不明。不明弃共,百事不终,所由倾覆也。是故明王之制,使诸侯岁聘以志业,间朝以讲礼,再朝而会以示威,再会而盟以显昭明。'"

盖古文最主会盟《周礼》且有司盟:"掌盟载之法。凡邦国有疑会同,则掌其盟约之载及其礼仪,北面诏明神,既盟,则贰之。盟万民之犯命者，诅其不信者亦如之。凡民之有约剂者，其二在司盟；有狱讼者，则使之盟诅。凡盟诅，各以其地域之众庶，共其牲而致焉；既盟，则为司盟共祈酒脯。"自天子至于庶人，皆有盟且诅，以为狱讼之凭证。古文颇重文书，物则楬焉，会则二焉，断不以结言、常事，而疏之也。

然则以古文观今文，"公穀"亦未尝断以会盟为非也。而今人以为讥会盟者，又非"公穀"之曰会盟矣！

"公穀"之曰会盟者，设方明，争牛耳，歃牲血，埋咒词，所谓盟诅也。今人之以为会盟者，果是之谓乎？《公羊传》之曰结言，《穀梁传》之曰诰誓者何？亦有文书相誓，但不要鬼神，不图诅咒而已矣。然则恶盟者，恶其渎鬼神，委性命则可也。若以为契约不可立，文书不必有，则诚有事而无业，国家之败也！况所谓盟者，若桓公曰"无障谷，无贮粟，无易树子，无以妾为妻"之类，不曰世世守之者乎？何不可铸于钟鼎，着于竹帛？而《左传》经曰渝平，传作更成，盖寻旧盟之谓也。以公穀之言，寻旧盟，不近于结言乎？然则旧盟可循者，盖若大司寇曰："凡邦之大盟约，莅其盟书而登之于天府。"诸侯比于是，然后旧盟可成，而结言可覆矣。

然则以后儒言之，则会盟、结言、诰誓，其实一也。盖虽有礼乐，不保诸侯必无事也；虽有刑法，不保是非必能断也。诸侯一日纷争，是非杂沓难明，与其兵戈相见，何若会而盟之，或结言，或要质，息事宁人，犹可归于旧好。虽然，盟之所期，蒙昧而将明，陵夷而有判也。故礼义之愈正，是非之愈明，而盟之可久也。反此者，虽质子可弃，况空言乎？

然则宗周之盛，会盟未可免也。况礼崩乐坏，将欲稍正于乱世，亦岂可舍盟会而求诸？然则礼乐之盛，其或沦于屡盟；而王道将兴，能无取于盟津乎？

宋明之时，不可谓无礼乐也，然而朝堂上下，莫衷一是，宋则有道学伪学之轧，明则有理学心学之纷。尚不若汉时有盐铁论、石渠阁、白虎观之会议，而今古文实相资也。泰西亦非有礼乐也，而五百年来，文献、风俗相累，亦可以文过饰非，成其一统。可不畏乎？

公羊有成法说

公羊好制度，盖汉家自有礼义，是以制度文为可也。（此张宗贤先生延国旧说，今明言之。）

《公羊传》曰："什一者，天下之中正也。什一行而颂声作矣。"何注曰："颂声者，大平歌颂之声，帝王之高致也。春秋经传数万，指意无穷，状相须而举，相待而成，至此独言颂声作者，民以食为本也。夫饥寒并至，虽尧、舜躬化，不能使野无寇盗；贫富兼并，虽皋陶制法，不能使强不凌弱。是故圣人制井田之法而口分之：一夫一妇受田百亩，以养父母妻子，五口为一家，公田十亩，即所谓十一而税也。庐舍二亩半，凡为田一顷十二亩半，八家而九顷，共为一井，故曰井田。庐舍在内，贵人也。公田次之，重公也。私田在外，贱私也。井田之义：一曰无泄地气，二曰无费一家，三曰同风俗，四曰合巧拙，五曰通财货。因井田为市，故俗语曰市井。种谷不得种一谷，以备灾害。田中不得有树，以妨五谷。还庐舍种桑荻杂菜，畜五母鸡两母豕，瓜果种疆畔，女上蚕织，老者得衣帛焉，得食肉焉，死者得葬焉。多于五口名曰余夫，余夫以率受田二十五亩。十井共出兵车一乘。司空谨别田之高下善恶，分为三品：上田一岁一垦，中田二岁一垦，下田三，岁一垦；肥饶不得独乐，硗埆不得独苦，故三年一换主易居，财均力平，兵车素定，是谓均民力，强国家。在田曰庐，在邑曰里。一里八十户，八家共一巷。中里为校室，选其耆老有高德者名曰父老，其有辩护伉健者为里正，皆受倍田，得乘马。父老此三老孝弟官属，里正比庶人在官吏。民春夏出田，秋冬入保城郭。田作之时，春，父老及里正旦开门坐塾上,晏出后时者不得出,莫不持樵者不得入。五谷毕入,民皆居宅,里正趋缉绩,男女同巷,相从夜绩,至于夜中,故女功一月得四十五日作,从十月尽正月止。男女有所怨恨,相从而歌,饥者歌其食,劳者歌其事。男年六十,女年五十无子者,官衣食之,使之民间求诗,乡移于邑,邑移于国,国以闻于天子,故王者不出牖户尽知天下所苦,不下堂而知四方。十月事讫,父老教于校室,八岁者学小学,十五岁者学大学,其有秀者移于乡学,乡学之秀者移于庠,庠之秀者移于国学。学于小学,诸侯岁贡小学之秀者于天子,学于大学,其有秀者命曰造士,行同而能偶,别之以射,然后爵之。士以才能进取,君以考功授官。三年耕余一年之畜,九年耕余三年之积,三十年耕有十年之储,虽遇唐尧之水,殷汤之旱,民无近忧,四海之内莫不乐其业,故曰颂声作矣。"

公羊家之备于此,则确乎王者始受命改制,布政施教于天下,自公侯至于庶人,自山川至于草木昆虫,莫不一一系于正月矣。苟无于此,虽于系之,其得乎?

秦汉晋之简牍,敦煌之文籍,皆证古昔乡制,虽未必何邵公、班孟坚之高致,亦且乡间小吏,硁硁哉功力矣。然则公羊古昔之尽力者,虽有循吏,而未必能合巧拙,抑兼并矣,未必使男女有别,而判合无怨矣;民知奉养,而未必有三老之教,长幼之序矣。纵以宋明约之,乡间虽听买卖租佃,而里甲以备不虞,义仓以济水旱,社田以聘师长,伦常以正本俗,亦莫非君子所致力。然则唐均田限名之前,责则长吏;宋不抑兼并之后,道在师儒而已。汉儒者,朝廷制度,下达于乡;宋儒者,朝廷格心,制度于乡。

且汉儒之尚制度,盖有闰秦在焉,不能不去其苛政也。宋明之不曰制度者,一依汉唐而已,不必有所造作也。然则汉儒制度为一统,自朝廷大于乡野。宋明虽称性善,亦颇在基层历练,周知人心善恶,不欺于恶,故不掩其善。故若吕新吾之训吏,明察不殊太祖;黄泰泉之治粤,礼乐犹存古道。今人徒见汉儒制度,不知所以为制度。徒见宋明性理,不知何处得性理。故不能袪其妄念也。

凡曰道者，不曰"自山川以至于草木昆虫"，亦曰"自天子以至于庶人"。故公羊主五始之说，盖凡为立制，莫不上下察焉，必在元始则正，在人情则安也。亦如蒙古各有约孙，又有成吉思汗之《大扎撒》，然后有法典也。

又公羊好制度，而古文经亦好制度，又须别之。古文泥古，公羊家能言之。而古昔今古文本来并存，所以聚讼者，在乎《周官》《左传》也。盖今文经传虽不具载，而公羊执政既久，诸事必皆有口义（其源于秦制、黄老、方术者不少）。而古文忽以先王旧章责之，则文字训诂尚可由他，而汉家制度岂容顿改？然则古昔公羊家，不唯制度之大本，且有当下之成法也。因有大本，故能损益；因有损益，故多成法。此非古文家可比也。

公羊不论改制也罢，三统也罢，承秦也罢，杂糅也罢，总之是塑造或融入汉家制度。这是其不可替代的历史优势和功勋，足以傲视古文经和后世理学。但后世公羊，堕落为谈改制而不知所以制度，谈三统而不知孰为正统，谈经权亦不知何以继承损益，则犹是自家不正。然则古文虽不正，尚有名物训诂可观；理学虽不正，尚有性命天理可法，则宜乎公羊之为指也。

《春秋》、"三传"例说

一字褒贬之法,日月时之例,相攻久已。若夫文实之别,可辞之受,正变之说,阙疑之传,亦曰自乱。无怪后世不信也。然而不信笔例则可,不信笔例所以为春秋则不可。若夫不信"三传"之例,乃自创例者,则不知信不信矣。(此为陈东塾先生续也。)

夫以日月时为例者,必不修春秋为完璧也。苟有阙文,则庸知削乎阙乎?以文辞为例者,必有说解若《通鉴纲目》凡例也。奈何诗书有序,《周易》有翼,《礼经》有记,独"三传"说之详,而不总其要乎?然则乱世实录,必多难言,不若《左传》,不足深察。纵曰片言折狱,岂有一字为中?况所传闻异词乎?

虽然,"三传"所以深信笔例者,信圣人有所明察,令乱臣贼子惧也。春秋之有阙疑可也,谓忠奸有所不辨,则不可也。故传《春秋》者,宁失穿凿于既阙,不敢失褒贬以殆后学也。然则"公穀"之推褒贬,或不足信;而"公穀"之所以论为褒贬,则大义所在,不可不比而明之也。学者无拘笔例可也,不察其所以褒贬则不可也。盖春秋为实事,而吾等以托义于千载,亦已足矣。

后世《春秋》之过,不以"三传"之褒贬推"三传"之义,乃自拟义,以订褒贬,又文以例说。"三传"之义未得,而褒贬之政已行。若夫孔门语录,尚知涵养;奈何夫子实事,偏作轻易?且夫褒贬《春秋》如是,将如《春秋》之后何?将如当世之人何?

或问:"三传"亦不同焉,亦相攻焉。纵则《春秋》有定论,而"三传"实无定论也。则"三传"之褒贬,岂以方《春秋》之褒贬;则"三传"之褒贬,又何加乎后世之褒贬?答曰:且以夫子之论弟子言之。子曰:"片言可以折狱者,其由也与。"又曰:"其言不让,是故哂之。"则以孔门论之,子路贤乎?不肖乎?子谓子夏曰:"女为君子儒,无为小人儒。"子夏之门人小子,当洒扫应对进退,则可矣。而亦曰:"文学,子游、子夏。"然则子夏小乎?大乎?盖夫子之答仁答行,人各别也。夫子之论诗,待其三反,与其三反也。然则夫子作《春秋》而待问,将因材施教乎,将呻其占毕乎?设以三子皆及门,以齐人伐山戎问诸夫子。公羊子,齐人也,桓公内无因国,外无从诸侯,不曰"操之已蹙乎?"盖国人忧其君也。又曰:"桓公之与戎狄,驱之尔。"盖虽忧之,壮之也。榖梁子,鲁人也,燕之同姓。桓公为同姓伐远,危而爱之,不亦宜乎?唯左氏,遍览宝书,娴于史事,乃曰:"遇于鲁济,谋山戎也,以其病燕故也。"盖与鲁定策,必无忧也;为燕祛病,义自彰也。然则三子亦各言其志,夫子焉不与之?况不及门于火后乎?窃以祭仲例之,以臣逐君,谓之专以恶之,焉不可?是以有《左传》《榖梁传》也。然则尽乎?又有问焉:臣何得以逐君,何得以自专?然则忽为君之微也,此《公羊传》言之。而祭仲既逐之矣,何又复归于郑?论者将曰:以突不堪祭仲,反为逐也。曰:然,奈公羊家未闻《左传》何?君先知《左传》,故论之不疑。若不知《左传》者,见大国之谋矣,见忽之微而出,又见其入矣,则与元咺何以异?是以谓之权也。诸君熟思"三传"何以褒贬,则知"民为贵,社稷次之,君为轻"之由来矣。

或问:然则《榖梁传》非乎?曰:《榖梁传》以逐君恶之,《公羊传》以复归贤之,理有二乎?《公羊传》曰:"君亲无将,将而诛焉。"亦何严乎?故论祭仲曰:"权者何?权者反于经,然后有善者也。"窃谓"三传"所以称笔例者,为用心加密而已矣。苟得其鱼,可以忘筌;未得其鱼,毋舍其筌也!

吾友甲子,于《榖梁传》硁硁断断,盖义例之学,以为万事具足于经,唯没身而已矣。苟无例学,焉得有此?或荒于支离,或独抱贞一,时儒则多矣。唯春秋事皆征实,人必褒贬,有如十目所视,十手所指,而君子有以几微也。

公羊学：功绩和经验

公羊学不是制度，而是所以制度

用俗语讲，公羊学关注的是自然法的确立。但公羊学兼包两极：一极是不易之道，一极是百姓日用。而中间层，即俗语所谓宪政，是可以因时损益的。这是公羊学在汉朝发挥作用的哲学基础。

人们往往诟病汉家杂霸王之术，因及公羊学，致谓公羊学为制度化儒学。进入制度并支持制度并不等于屈从制度。这必须在历史中明确。西汉的古文经学是脱胎于公羊学的，但他们是革命的制造者。总之，谈论革命、受命的是公羊学，但公羊学是自然法层面的，所以兼容并整合了汉朝制度。继之而起的高举周公之礼的古文学却相反，是着力于制度层面的。但古文学包含两部分，一是训诂名物，因为要解读古文古礼；二是制度革命，这却是为了与公羊学对抗。公羊善于言受命，古文经也必须言受命。公羊乐于谈制度之所以然，古文学便要长于恢复周公制作。后来古文家成功了，革命了，一些制度开始落实了，却天下大乱了。今文文献如《公羊解诂》《白虎通》中，公羊家对周制（如井田、父老），也了如指掌。但公羊家的功绩恰在于他们没有被理想冲昏头脑，要在汉朝实验一下周制。或者，这些内容对公羊家来说只是博异语，甚至是后来古文家乐道，也就不得不随着谈论罢了。今天的古文文献，一般以训诂名物著称，如许叔重的《说文》和《五经异义》，或者王子雍的残本，即便是不太讲名物的晋杜元凯，也似乎并无太多气象。但如果注意刘子骏、贾

· 77 ·

景伯、服子慎的残本，或者杜元凯驳斥之旧说，则古文之义理，本来源于抗衡公羊。况郑康成身为公羊家而以古文著称。遗憾的是，王子雍之后，《周礼》的中心性被取消，礼学集中到了丧服上，这是时代的堕落，是汉帝国荣光远去的结果。《周礼》的落实是吊诡的事，新莽和他的大儒们失败了，王荆公也没什么好结果，但北周之比附《周礼》却是成功的。显然，儒生所以失败，是因为理想的热情低估了现实的难度，新莽的失败注定了古文经学的转型。王荆公的失败，则造成了儒学在制度体系中的全面退缩。

政统和学统

如果说公羊学和汉朝是密不可分的，那么帝国没落后，在宋朝终于再次一统的理学，亦在明朝实现了政统与学统的统一。道统包含两方面，天子和圣人。三代远去，则天子之位与圣人之德，是有距离的，是分开的。为天子行政者，属于正统。为圣人传道者，属于学统。德为贵而政随之，故学统属阳，而政统属阴。一阴一阳，然后构成道统。今天往往把学界或者圣人系统看成道统的全部，那是阳亢，必然是孤阳不生的。正统属阴，其价值在于守成维稳，这在汉朝和明朝很明显。汉初，天子并不否认秦朝的正统性。为什么？因为从帝王的角度看，他并不希望对前朝帝王要求太高，不希望看到儒生可以贬损帝王。从帝王庙罢祀，无异于夺爵。而儒林竟可以追夺皇权，这无疑是要谨慎对待的。这就是天子系统的保守性和实利性。但对于儒林而言，恰恰不能忍受这种保守，要用道义革除妥协。所以公羊家一向否定暴秦，正如理学家（至少自方希直）一向否定前朝。需要注意，一个理想社会并不是简单的学统压倒政统，或者政统压倒学统，而是两者各尽操守，阴平阳秘。汉明两朝都因为学统获得压倒性优势，而造成了动荡，偏离了政统所应有的职责。用现代的话语说，一个国家总是需要两类人的，一类是理想主义者，他们至少外表看来执掌正义；一类是政客，他们服从于国家利益。前一类人，构成了这个国家的威信；后一类人则为国家提供坚实的基础。

因为前一类人，这个国家占据了道德高点；因为后一类人，这个国家有实力维护一切利益，包括道德的高点。

公羊学的具体贡献

由于公羊是所以制度，而不是制度本身，是自然公理，而不是宪法本身，所以公羊学并不需要与任何汉朝的现存秩序为敌。或者说，公羊家的素养保证了他们的理想冲动并不会造成社会解构的恶果。《春秋》为黑统的学说，苏厚菴解释为公羊家曾经试图为秦制法，这个说法从学术上不可靠，但思想上有可取之处。秦朝是因为拒绝先王之道而被天下抛弃的。而陈胜举义，孔氏抱礼器往，太史公（公羊家）入世家，可见当暴秦令天下绝望之际，君子亦如孔子出疆必载贽，凡有道，皆可为之辅相也。那么同样，只要汉朝不明确背弃先王，非毁孝悌，则公羊家为汉制法，乃是自然之理。所以公羊之兴汉，乃是其学理固然，非如某些人见汉朝杂糅霸术，内用黄老，便斥为不纯，以汉儒为变节。公羊之优秀，正不落此琐碎。汉自高祖、文帝，莫不以孝称，而秦之诗书春秋博士，文景亦网罗之，此其荦荦大者也。其为人也孝悌，虽曰未学，于圣门何有？至于叔孙通、公孙弘、申公、辕固生、董子之各异，则贤者本来各具一体，不得以一人之高蹈而架空之，亦不必因一人之势利而卑下之。因此公羊之特质，乃能承认汉朝之正统（俗曰合法性），并在汉制基础上，渐渐扩充，上而为王道，为汉制法，为天人感应，下而兴五经之学，以春秋决狱。在上者，虽不触动汉承秦制，或黄老之术，但渐次有为，知所敬畏，有所立极。在下者，虽不求诸井田象刑，而能俾民向学，而伦常日用亦因循吏之援引《春秋》，而渐及于化。当然，客观上，这也是秦火之余，公羊家典籍不备，不足以提出具体制度的结果。总之，事实上公羊学和汉制是相互发明，密切合作的。站在今天，我们也不得不说，这是正统与学统的最佳状态。

史观，本身就是《春秋》的延续。史观的核心，一个是效法三代，一个是秦为闰朝，汉朝以《春秋》为法。再细密一些，庶人举义的陈胜、项王被视为诸侯。虽然项王和高祖曾殊死搏斗，但汉儒对项王依然尊敬。为什么？这是从道义上看的，超越了王朝的恩怨。推翻暴秦，是楚霸王的大德。谋杀义帝，对抗高祖，是其小节。义帝者，以事授之；高祖者，赤帝之应。然而二帝为亡秦而生，盖天为生民亡秦也。天子者，谁救此民则当之，故不嫌庶人以三尺剑取天下也。然则楚霸王杀义帝，亢高祖，不掩其亡秦之大德也。北畤待我而成，河决金堤，盖汉初未尝不称秦也。而汉儒必以秦为闰朝者，道义不正，谁与守国，其能久乎？

对先王的敬仰，六十四民九皇五帝三代的理想，孔子为素王，以《春秋》当新王，为汉之法的信念。夫子志在《春秋》，行在《孝经》。《春秋》是先王之道，先王之道是孝在国家的体现。人知尊祖，则国亦当尊奉先王先贤。国若自以为是，自我作辟，则民对阴阳悬隔的祖先，或者身后兴衰的子孙，又能有什么责任感呢？

需要注意，经学教育产生两种人，一是博士或博士弟子员，一是循吏。汉以后谈论教育往往忽略了后者。当然，汉朝的小吏是可以进身高官的，与宋明不同。这个结构体现了孔门四科，也意味着经学得以向全社会渗透，而不仅仅是知识分子；同时经学将涉及各个层面，而不仅仅是士大夫的修身养性。从这点上，汉学之偏于政治，也是必然的。

司法和教育，是对民众传播的要点。是春秋决狱，让百姓感受到了仁政，从而感到了自然的秩序和内心的和谐。这在他们心中树立起义理的威信和对这个国家的情感。入情入理的司法，才能让百姓信任国家。必须指出，宋明理学也是注重律条的，和今天某些似是而非的儒学观念不同。

赵氏孤儿义理分析

史家颇有疑之者,然则有无在其次,今以明义为上。为一贯起见,以《史记》为文。

晋世家

七年八月,襄公卒。太子夷皋少。晋人以难故,欲立长君。赵盾曰:"立襄公弟雍。好善而长,先君爱之;且近于秦,秦故好也。立善则固,事长则顺,奉爱则孝,结旧好则安。"废子立弟,灵公之祸,赵盾启之。晋人者,晋之国人也。士大夫不登名史册,故曰晋人。言人则众。今人必谓晋人为晋卿,亦无不可,盖晋卿之左右,必以邑宰、国人为臂助;而士大夫亦然,盖如后世所谓结党也。立长君,公义也。观乎《左传》,晋人尚利,而公心亦明。赵孟之言则利,然而皆公室之利。今人谓邀功立君,可谓欲加之罪。如欲邀功,正当力排众议,以立幼君。一则众人弃之,我独立之,得间也;再则孤儿寡母,毕竟得我,擅权焉。且既迎雍,然后立幼,是交罪于秦、灵公、国人也。赵氏之祸,自此始也。然则赵孟一心奉公,不能料及反复之祸,亦明矣。若曰赵孟不知则可,谓之自私则不然。

贾季曰:"不如其弟乐。辰嬴嬖于二君,立其子,民必安之。"赵盾曰:"辰嬴贱,班在九人下,其子何震之有!且为二君嬖,淫也。为先君子,不能求大而出在小国,僻也。母淫子僻,无威;陈小而远,无援,将何可乎!"贾季立嬖,最是失礼。所谓民必安之者,亦有党羽也。

使士会如秦迎公子雍。贾季亦使人召公子乐于陈。赵盾废贾季,以其杀阳处父。立君有疑,则询于国人可也,议于棘木可也。退朝反顾,图谋二君,贾季之罪也。

十月,葬襄公。十一月,贾季奔翟。是岁,秦缪公亦卒。贾季得奔,正也。

灵公元年四月,秦康公曰:"昔文公之入也无卫,故有吕、郄之患。"乃多与公子雍卫。晋诸卿之不咸,亦可谓名声在外。

太子母缪嬴日夜抱太子以号泣于朝,曰:"先君何罪?其嗣亦何罪?舍适而外求君,将安置此?"出朝,则抱以适赵盾所,顿首曰:"先君奉此子而属之子,曰:此子材,吾受其赐;不材,吾怨子。今君卒,言犹在耳,而弃之若何?"赵盾与诸大夫皆患缪嬴,且畏诛,乃背所迎而立太子夷皋,是为灵公。诛者,罚也。缪嬴岂能罚之?其义不正,故自畏也。

发兵以拒秦送公子雍者。赵盾为将,往击秦,败之令狐。先蔑、随会亡奔秦。秋,齐、宋、卫、郑、曹、许君皆会赵盾,盟于扈,以灵公初立故也。此事左氏言之详。若雍得立,得谓赵孟结援于秦;而今攻之,是结怨于大国旧好。可反证赵孟之无私。

赵世家

灵公立十四年,益骄。赵盾骤谏,灵公弗听。及食熊蹯,胹不熟,杀宰人,持其尸出,赵盾见之。灵公由此惧,欲杀盾。盾素仁爱人,尝所食桑下饿人反扞救盾,盾以得亡。赵孟有妇人之仁,无君子之明。始欲废之,今不能教之,是其无能也。赵衰颇善礼乐,而赵盾不能如礼,赵氏家教可叹。贾季谓赵盾为夏日之日,盖不知礼乎?

未出境,而赵穿弑灵公而立襄公弟黑臀,是为成公。赵盾复反,任国政。君子讥盾:"为正卿,亡不出境,反不讨贼,故太史书曰:赵盾弑其君。"春秋经曰:"晋赵盾弑其君夷皋。"案左氏例,此称臣,臣之罪也(如卫州吁弑其君完)。而公羊亦以赵盾贤,故称弑以垂戒。亡不出境,是犹为灵公正卿也,策名委质,分当讨贼。若出境,则春秋之时,不必反服,反国受命,则为成公正卿,无复仇之分。是以夫子惜之。亡不出境,且反不讨贼,而赵穿为其堂弟(侄),不得辞其过也。然则大臣有易位之义，故夫子亦不嫌称其弑君。谓之微言可也，谓之古礼可也。然则易位者，必蒙不义之名，所谓苟利国家，生死以之。得其恶名，分当然也。故赵盾虽专，不得改史笔，其心如日月，亦何必改史笔？

晋景公时，赵盾卒，谥为宣孟，子朔嗣。赵朔，晋景公之三年，朔为晋将下军救郑，与楚庄王战河上。朔娶晋成公姊为夫人。

晋景公之三年，大夫屠岸贾欲诛赵氏。初，赵盾在时，梦见叔带持要而哭甚悲，已而笑，拊手且歌。盾卜之，兆绝而后好。赵史援占之，曰："此梦甚恶，非君之身，乃君之子，然亦君之咎。至孙，赵将世益衰。"

屠岸贾者，始有宠于灵公，及至于景公而贾为司寇，将作难，乃治灵公之贼以致赵盾，遍告诸将曰："盾虽不知，犹为贼首。以臣弑君，子孙在朝，何以惩罪？请诛之。"韩厥曰："灵公遇贼，赵盾在外，吾先君以为无罪，故不诛。今诸君将诛其后，是非先君之意而今妄诛。妄诛谓之乱。臣有大事而君不闻，是无君也。"先君者，成公也。国君为调人，则罪已赦。然则成公亦不能改史册，是史家自有法则。今人疑屠岸贾。屠于景公为司寇，则不过一大夫，非世卿可比，故无闻于史册，不必疑也。景公十二年，晋始作六军，韩厥、巩朔、赵穿、荀骓、赵括、赵旃（赵穿子）皆为卿。《公羊传》何注："诸侯有司徒、司马、司空，皆卿官也。"

屠岸贾不听。韩厥告赵朔趣亡。朔不肯，曰："子必不绝赵祀，朔死不恨。"韩厥许诺，称疾不出。贾不请而擅与诸将攻赵氏于下宫，杀赵朔、赵同、赵括、赵婴齐，皆灭其族。景公十七年事，《左传》："晋赵婴通于赵庄姬。"鲁成公五年："五年，春，原、屏放诸齐。婴曰：'我在，故栾氏不作。我亡，吾二昆其忧哉。且人各有能、有不能，舍我，何害？'弗听。婴梦天使谓己：'祭余，余福女。'使问诸士贞伯。贞伯曰：'不识也。'既而告其人曰：'神福仁而祸淫。淫而无罚，福也。祭，其得亡乎？'祭之，之明日而亡。"本年："晋赵庄姬为赵婴之亡故，谮之于晋侯，曰：'原、屏将为乱。栾、郤为征。'六月，晋讨赵同、赵括。武从姬氏畜于公宫。以其田与祁奚。韩厥言于晋侯曰：'成季之勋，宣孟之忠，而无后，为善者其惧矣。三代之令王皆数百年保天之禄。夫岂无辟王？赖前哲以免也。周书曰：不敢侮鳏寡，所以明德也。'乃立武，而反其田焉。"赵同、赵括、赵婴齐同为赵衰与赵姬之子。赵朔早卒，庄姬通于赵婴齐。后同、括共逐婴齐，而庄姬为之复仇。鲁宣公十二年："荀林父将中军，先縠佐之；士会将上军，郤克佐之；赵朔将下军，栾书佐之。赵括、赵婴齐为中军大夫，巩朔、韩穿为上军大夫，荀首、赵同为下军大夫。韩厥为司马。"鲁成公二年："郤克将中军，士燮佐上军，栾书将下军，韩厥为司马。"鲁成公四年："晋栾书将中军，荀首佐之，士燮佐上军。"晋国尚武，君将之任尚功，其弊则交争利。当其威武，可以外向；邲战败绩，以生内愤。晋君能用于战胜，而不能教于礼让，赵氏之后，皆夏日之日。是君不能驭臣，非臣不知公义。晋国内争，良以晋国既霸，楚战方弭，故相丛脞也。而今人一概目为争利，是不知人性与临民之道。以大概论之，栾、郤为一党，赵、士、韩为一党。以左氏及晋世家言，似当年立赵武为赵氏后。经曰："晋杀其大夫赵同、赵括。"《春秋释例》曰："大臣相杀死者，无罪则两称名字，以示杀者之罪。王札子杀召伯、毛伯是也。若死者有罪，则不称杀者名氏，晋杀其大夫阳处父是也。若为贼者，众因乱而杀，则亦称国人杀者，主名不分故也。主名不分，死者虽名氏可知，亦随而去之，嫌于罪死者也。士杀大夫则书曰盗，盗杀郑公子骓、公子发、公孙辄是也。"窃谓当时证为叛国，故称国以杀，杀有罪也，春秋从告辞。后得昭雪，故君子传明之也。以《史记·赵世家》言，则屠岸贾不能致罪赵氏，故以私属族之。

赵朔妻成公姊，有遗腹，走公宫匿。赵朔客曰公孙杵臼，杵臼谓朔友人程婴曰："胡不死？"君困臣劳，君辱臣死，义也。

程婴曰："朔之妇有遗腹，若幸而男，吾奉之；即女也，吾徐死耳。"此权也。

居无何，而朔妇免身，生男。屠岸贾闻之，索于宫中。夫人置儿绔中，祝曰："赵宗灭乎，若号；即不灭，若无声。"及索，儿竟无声。已脱,程婴谓公孙杵臼曰:"今一索不得,后必且复索之,奈何?"后世谓屠岸贾遍索城中婴儿。余谓不能也。司寇可谨门关,可竭追胥,而无夺人婴儿之道。

公孙杵臼曰:"立孤与死孰难?"程婴曰:"死易,立孤难耳。"公孙杵臼曰:"赵氏先君遇子厚,子强为其难者,吾为其易者,请先死。"乃二人谋取他人婴儿负之,衣以文葆,匿山中。程婴出,谬谓诸将军曰:"婴不肖,不能立赵孤。谁能与我千金,吾告赵氏孤处。"诸将皆喜,许之,发师随程婴攻公孙杵臼曰。杵臼谬曰:"小人哉程婴!昔下宫之难不能死,与我谋匿赵氏孤儿,今又卖我。纵不能立,而忍卖之乎!"抱儿呼曰:"天乎天乎!赵氏孤儿何罪?请活之,独杀杵臼可也。"诸将不许,遂杀杵臼与孤儿。诸将以为赵氏孤儿已死,皆喜。

然赵氏真孤乃反在,程婴卒与俱匿山中。居十五年,晋景公疾,卜之,大业之后不遂者为祟。景公问韩厥,厥知赵孤在,乃曰:"大业之后在晋绝祀者,其赵氏乎?夫自中衍者皆嬴姓也。中衍人面鸟噣,降佐殷帝大戊,及周天子,皆有明德。下及幽厉无道,而叔带去周适晋,事先君文侯,至于成公,世有立功,未尝绝祀。今吾君独灭赵宗,国人哀之,故见龟策。唯君图之。"景公问:"赵尚有后子孙乎?"韩厥具以实告。于是景公乃与韩厥谋立赵孤儿,召而匿之宫中。诸将入问疾,景公因韩厥之众以胁诸将而见赵孤。赵孤名曰武。诸将不得已,乃曰:"昔下宫之难,屠岸贾为之,矫以君命,并命群臣。非然,孰敢作难!微君之疾,群臣固且请立赵后。今君有命,群臣之愿也。"于是召赵武、程婴遍拜诸将,遂反与程婴、赵武攻屠岸贾,灭其族。复与赵武田邑如故。此后世所疑。若灭门在成公十七年,成公病在十九年,则何得十五年之久?又后曰赵武冠。然武既嗣,得以大夫十五而冠,不必曰及也。若以左氏言之,则赵氏灭门与立后在同年。盖二人有罪则诛之,赵氏有德则嗣之,亦君于大夫之恩也。韩厥不往旧恩,且曰国人哀之,守礼之论也。且栾、郄虽专,亦不得悖当日公法。此春秋礼法未去之效也。宗周虽迁,而恩泽至于斯也。若以赵世家,则族屠岸贾亦太甚,盖罪止其身可也。然则为父报仇,为国正法，分当然也。复赵氏，盟大夫于景公之侧，虽曰大夫之强，亦可谓与臣有礼。

及赵武冠，为成人，程婴乃辞诸大夫，谓赵武曰："昔下宫之难，皆能死。我非不能死，我思立赵氏之后。今赵武既立，为成人，复故位，我将下报赵宣孟与公孙杵曰。"赵武啼泣顿首固请，曰："武愿苦筋骨以报子至死，而子忍去我死乎！"程婴曰："不可。彼以我为能成事，故先我死；今我不报，是以我事为不成。"遂自杀。赵武服齐衰三年，为之祭邑，春秋祠之，世世勿绝。

赵氏复位十一年，而晋厉公杀其大夫三郤。栾书畏及，乃遂弑其君厉公，更立襄公曾孙周，是为悼公。晋由此大夫稍强。赵武续赵宗二十七年，晋平公立。平公十二年，而赵武为正卿。十三年，吴延陵季子使于晋，曰："晋国之政卒归于赵武子、韩宣子、魏献子之后矣。"赵武死，谥为文子。厉公欲杀三郤、栾书，胥童之谋也。《左传》曰："郤氏闻之，郤锜欲攻公，曰：'虽死，君必危。'郤至曰：'人所以立，信、知、勇也。信不叛君，知不害民，勇不作乱。失兹三者，其谁与我？死而多怨，将安用之？君实有臣而杀之，其谓君何？我之有罪，吾死后矣。若杀不辜，将失其民，欲安，得乎？待命而已。受君之禄，是以聚党。有党而争命，罪孰大焉？'"又："胥童以甲劫栾书、中行偃于朝。矫曰：'不杀二子，忧必及君。'公曰：'一朝而尸三卿，余不忍益也。'"又："公游于匠丽氏，栾书、中行偃遂执公焉。召士匄，士匄辞，召韩厥，韩厥辞，曰：'昔吾畜于赵氏，孟姬之谗，吾能违兵。古人有言曰：杀老牛，莫之敢尸，而况君乎？二三子不能事君，焉用厥也？'"韩厥如杜注，皆不与党也。其能报德，不能正色，以有晋乱。栾、郤，灭赵之征人，而赵武未之报，或果有屠岸贾者，故复仇不及胁从；或赵武时大夫耳，不足以报公族。晋杀四卿，皆曰晋杀，当是告辞。今人解赵氏孤儿者，谓程婴有义，而诸卿无义。其如郤至何？今人以当时力争，其如厉公何？窃谓晋国多难者，一则礼制不明，再则亲亲不及也。晋国尚军功，无功不为正卿，不得公族，此周礼之存者也。然而一旦弭兵，晋侯暗弱，不能以礼让折冲。殆公族坐大，自相结怨，然后诛灭之。虽有忠臣仁君之心，尚何为哉？鲁国之幸，虽有三桓，皆同姓也，故羽翼鲁侯；虽分三家，大小宗也，各安其分。故鲁国之乔木，得以全国，而晋国之公族，适以灭国。

或问：若程婴非赵氏家臣，得为赵氏乎？

答：以礼不得也。盖为父为君三年，以至尊也。若非赵氏之臣，则不得斩衰之服，当以本宗为重。纵使赵氏为君，亦不过齐衰三月耳，三月者缌麻之服。若复仇，则大小功然后有陪其后之义，缌麻则无矣。况晋侯之民不得为赵氏之民乎？且士传言，庶人谤。为匹夫者，为赵氏鸣冤于闾里可也。

问：若程婴非其家臣，而为之，为不义乎？

答：礼所不言，则不为之可，为之亦可。不为者，孝子也。为之者，义士也。若于古人，二者皆许之。

问：若程婴为家臣之贱者何如？

答：为之可，不为之亦可。

或问：程婴必死乎？

答：大夫唯私属（士以上）为之斩衰，则当复仇如父之仇。父之仇，寝苫枕戈，未有殉死者。且殉葬非周礼。则大夫之私属亦然。则君仇既复，不必死也。《史记》尚称为君为公孙，后世但曰报公孙，甚得之。盖程婴与公孙杵臼，以生死相契，故以死报之也。许友以死，亦当时常事。程婴父母既没，许友可也。然则不许，不死之，亦可。

或问：若如元本赵氏孤儿，赵武养于屠岸贾家，则复仇义乎？

答：义不容辞。杀父之仇（依话本），不共戴天（兄弟之仇亦不反兵，叔伯父与兄弟同），皆当复仇。至于养育之恩，私惠也。且养子异于为后，为后则为之三年，养子则不得加于生父矣。又以国法言之，屠岸贾当诛，则起而奉公，亦不得以私恩而恕之。

或问：然则养育之恩不念乎？

答：以有尊于养育之恩者，故不念也。常人言之，则父恩重于君恩，然则既葬，金戈之事不避。以特例言之，则为人后者为之子，重大宗也，不敢申其父母。

或问：以己子救君之子，义乎？

答：义不容辞。子之报父，犹臣之报君。

问：不以救，可乎？

答：门外之治义断恩，以亲废尊，则不必殉于君，亦不得与士齿矣。

问：然则赤子何辜？

答：无辜，荣为君子之子耳。

问：取他人（非家臣）子以救君之子，可乎？

答：于义不可。然有人义之或利之，亦有急切不能择之者。

或问：赵氏孤儿事，礼与？情与？

答：公孙杵臼、程婴若为赵氏贵臣，则礼也。若一介家臣者，则情也。

问：若庶人（或一介家臣）而为之，君以为义，然则礼与？

答：非礼也。义者，事之宜也，变而不失正，可以义之。礼者，大经大法，不责疏者之不能，厚望亲者之不弃也。故丧过于哀者，称其情也，然而非礼。

问：许友以死，礼与？

答：《礼记·曲礼》曰："父母存，不许友以死。"然则"朋友，吾哭诸寝门之外"，"兄弟之仇不反兵，交游之仇不同国"。纵父母没，不当先于期亲也。然则为朋友者，情也，义也，恐非礼也。

问：若屠氏收养赵武，得复仇乎？

答：养父含义不明。以礼，为同居继父有大功亲者，齐衰三月。为乳母缌麻。陈版赵氏孤儿应当在两者之间。显然生父之恩，过于此处养父之恩。除非养父以之为嗣子，则为之如父。否则继父虽于己有恩（为筑宫祀父），亦不过齐衰三月。所以养父以不义杀生父，则子当复仇。若养父义杀生父，则自有调人，当避诸海外（不见面）。

问：彼有养育之恩，去之乎？

答：君以养父为义，则养父自知彼有生不相见之日也。则避之海外，适以成其志也。若君以养父为不义（则所谓养育者，不过若犬马耳），则从调人可也，何恩之有？主为不义，奴仆亦必从之乎？

问：若养父以为嗣子奈何？

答：此其义杀而不知也。虽然，避之，假朋友资之则可。资之者，恤之耳，路人皆可，故不嫌。

问：不曰为人后乎？

答：为人后者，父命之然也。杀其父而取之，子若有知，父若有知，能许之乎？

问：于养父恩情奈何？

答：养父有恩情，父亦有恩情。为天下谋者，定亲疏，决嫌疑是也。

问：后世亦然乎？

答：在周，臣为君复仇，指天子畿内之臣为天子，诸侯之臣为诸侯，大夫之臣为大夫。汉朝则天下人为天子，门生故吏为其长官。宋明以降，仅指天下人为天子。以周礼，有君臣关系的才有复仇资格，庶人在官者以上为其君复仇，百姓不必为所在之君复仇（但如果感义而作，亦可嘉也）。汉以后则百姓为天子有服，即有复仇之义。但复仇有助王师者，有为侠客者，有讲复仇大义者，各自不同。

文山晚节说

或问：宋史曰：(文山)曰："国亡，吾分一死矣。傥缘宽假，得以黄冠归故乡，他日以方外备顾问，可也。若遽官之，非直亡国之大夫不可与图存，举其平生而尽弃之，将焉用我？"则文山欲顾问于敌国，不亦谬乎？

答：既曰黄冠，如何传遽？此托词耳。盖古人温厚，虽寇仇，语义也。彼数欲仕我，故托以他日耳。

问：则他日得顾问乎？

答：顾不顾在彼，问不问在我。彼为名来，则谦曰无德，斥曰犬羊，何必顾之？然则文公既曰顾问，若夫诚心归化，亦不妨大言之：汉语汉姓，开科举，通婚姻，肆大眚，祀先帝，一依汉唐，混一戎夏。焉不可？

问：文山弟为百姓降，可乎？

答：不可。死节非百姓事，而君子不以小人度人。且小人（此指普通百姓）者，从人者也。遇张巡、阎典史，则阖城死义；遇昔里氏，虽守将献城以荣，而百姓束手尽屠矣。周礼，大夫死众，士死制，礼也。臣（大夫、士、大夫嗣子）为君斩衰，庶人则齐衰三月。故臣死为义，百姓恩轻，不死未为不义，但死之为义。故童汪踦以童子死国，而夫子以成人祀之。古人不惧析骨而爨，但耻城下之盟，威仪大矣！且覆巢之下，焉有完卵？况夷狄荡涤，虽欲生之，得之幸耳。然则宋明以降，黄冠高香者多矣，其理既纵人欲，则因其理以求其幸，亦不必苛责。

问：百姓欲降奈何？

答：亦各行其道耳。我自以忠义激荡百姓，自有忠信者随我。设战阵得法，百姓用命，是天理不二；若我格物不足，百姓灰心，亦理有固然，我自死于无能耳，非百姓不足勤王，非天理将有隐遁，我工夫不足，不能动众耳。岂有矢石未受，先谋献城者？且人生谁无死？百姓纵不死于守城，亦不死于剃发、迁海、抓逃、乱兵、饥荒、瘟疫、奏销、文字狱乎？

问：厓山兵败，何为不死？将为黄冠可乎？托降弟以存子嗣可乎？

答：义当死之。礼，长子亦为君斩衰，亦当死之，余子不必。而我等以太平苟且而论圣贤，诚堪羞也。张陶庵亦曰杀头怕痛，锄头怕重，采薇诚难能也。然而陶庵以皇明盛世之纨绔，而老死于草莽孤忠。于今之人，亦足仰止，况文山乎？礼曰死国，亦何必立死、绝后，然后为烈？

问：文山死君乎？死国乎？死天下乎？

答：子路死大夫乎？死卫国乎？死周公之礼乎？死夫子之道乎？窃谓君子者，身家国天下一以贯之，亦不知死君乎，死国乎，死天下乎。盖君子正大本，君者，正统之君；国者，天子之县。不曰此君，则天下孰归？不曰此国，则天下何朝？且君子之言也讷，周人但称大夫，其心胸岂可斗量？

问：今人谓文山为愚忠，何若？

答：此诧可怪也。丞相弃德佑而立二王，且曰：从怀愍而北者非忠，从元帝为忠；从徽钦而北者非忠，从高宗为忠。以答元博罗之难。而今人不谓博罗愚，反非丞相忠，岂不非常异义可怪之论？且若张弘范辈，不更愚忠乎？生于夷狄之区，不知天子之县，以屠灭神州，恶名万世，不谓以愚忠乎？若夫降将诸辈，其于宋则二臣，于元则献忠，不亦愚其忠乎？

春秋复仇说问答

问：为君父复仇闻之矣，门外之事义断恩亦闻之矣。则伍子胥为父复君，不亦悖乎？且一国刑戮，断之棘下，行以君命，岂无疏漏？若子皆得为父仇君，则为君者不胜其诛矣！若皆得挟诸侯以复仇，则是徒有父母，而无父母之邦矣。

答：《左传》虽未大复仇，以汉时文献言之，亦未有以子胥为非者。君前臣名，父不受诛，子必诤于君前，亦臣子义也。君既不听，亦如去国，所不同者，不必待放，不以微罪，且得声罪致讨，以冀天子方伯耳。设天子能定，方伯能正，则自有伯讨，诸侯负罪，子以剡圭监于明竁可也。若夫无王之道，遂可以至焉尔，则去国降等，苟不仕，匹夫耳，虽与旧君不共戴天，亦寝苫枕戈而已。则子之复仇，亦何妨父母之邦？

问：然则子胥是否？

答：上无天子，下无方伯，亦缘恩疾者而已。若素服泣血，不复言楚，则孝子之和者也。若执戈纵酒，闻楚则怒，则孝子之清者也。子胥盖后者，而力能干诸侯者耳。吴子既闻其孝，故曰：将为之兴师而复仇于楚。伍子胥复曰："诸侯不为匹夫兴师。且臣闻之：'事君犹事父也。'亏君之义，复父之仇，臣不为也。"然则子胥岂不知君臣有先于父子？盖楚为无道，凌虐小国，吴子怒而兴师，以伯主自任，而子胥为伯主讨也。非为父仇，挑动凶器，以逞己孝也。窃谓之：设子胥不遇阖闾，或囊瓦不欺小国，或阖闾不敢当伯主，则子胥亦不过仕吴糊口，日夜且哭且憾而已。若夫楚为暴虐矣，吴为方伯矣，何但子胥，设使申包胥流亡在此，亦必为方伯股肱。

问：然则何称大复仇？

答：其事则义也，其志可嘉也。事若不义，志亦无取。

问：楚者，之进于华夏者也。吴者，未进者也。且以外国伐父母之邦，可乎？

答：以《春秋》之义，时楚无道。吴子进矣，权为方伯。义理有进退，可不慎乎？以外国伐祖国则不可。若方伯伐之，己从而复仇，可也。

问：若方伯伐之，己去国未仕，并无父仇，则从之乎？

答：虽兄弟之仇不可也。盖虽有大怨，旧君之恩未尽也。

问：若仕于方伯者何？

答：伯讨则从之。非伯讨则诤之，不得则去之。

问：若非伯讨，己有兄弟之仇则奈何？

答：若非伯讨，虽父母之仇不从。子胥有言："亏君之义，复父之仇，臣不为也。"

问：襄公九世之仇者，纪侯谮之，天子亨之，则杀之者，天子也。奈何复纪侯，又天子之仇可复乎？

答：天子未能无过，虽有仇，不得复也。诸侯之仇可复者，治则有天子命方伯在，乱则有方伯缘恩疾，故天理可申也。天子之仇可复，其唯新王既出，独夫可诛乎？舍此，则岂敢以一人敌天下人？然则天子之仇，可复于谮人，故仇纪侯可也。

问：然则舍天子而灭纪侯，子胥何不舍楚子而罪费无极？

答：诸侯者，候天子之命也，既为不道，罪在司马，岂不可仇？且君者，群下归心也。彼为不道，我以此群攻彼群，不亦可乎？舍天子而罪谮臣，畏天下人也，诸侯则诛渠帅。且复诸侯者，先去其国；复天子者，得去天下乎？

问：然则吕四娘复仇可乎？

答：岂不可？诸侯之仇，诛其渠帅也，其贤于子胥乎？

问：襄公灭纪可乎？

答：纪侯者，可谓暴内陵外，犯令陵政矣，未曰外内乱，鸟兽行，纵曰九世可复，毁其祧，掘其墓可也，甚则囚其君而杀之，然而国不可灭，祀不可绝也。《公羊传》"古者有明天子，则纪侯必诛，必无纪者"之说似不然也。且大夫虽有大过，不绝其祀，食旧德也。大夫相杀，亦未有族灭者，诸侯之相杀，亦岂有族诛之理？然则诸侯于天子，犹大夫也。或公羊齐学，为先君讳乎？

问：不曰纪季以酅入于齐乎？

答：故天子之命诸侯，今为附庸，不亦灭乎？故传曰灭也。《左传》曰："纪侯不能下齐，以与纪季。夏，纪侯大去其国，违齐难也。"窃谓得之。襄公所图，土地人民也。复仇，辞令耳。《公羊传》鲁子曰："请后五庙，以存姑姊妹。"曰："灭其可灭，葬其可葬。"窃意安其人民与姻国耳。

问：然则公羊借事明义乎？

答：《公羊传》疏曰："得百二十国宝书。"又曰："见诸实事。"岂空言哉？《公羊传》曰："复仇者非将杀之，逐之也。以为虽遇纪侯之殡，亦将葬之也。"是《公羊传》之数罪与《周礼》别也。《周礼》则眚之、伐之、坛之、削之、侵之、正之、残之、杜之、灭之。坛之者，逐其君也。正之、残之者，杀其君也。唯鸟兽行，无复人道，乃灭之，灭其国也。《左传》虽大逆，亦不绝大夫之宗（如冀缺事）与之同。故以古文观之，削地为轻，杀身罪大，非鸟兽行，不灭人国。《公羊传》似以为土地可夺也，逐君为重，杀之又重。然则入为附庸者，在《周礼》当杜之也，重于正之、残之。其古今刑法不同乎？

问：后五庙于酅，不犹削地乎？

答：岂其然？若是，则纪侯当服罪矣！何必大去？削之者，诸侯犹诸侯也。入为附庸，则不得通于诸侯，不得命于天子，如大国采邑然。然则《周礼》杜之、灭之者，亦非罪人以族，亦当有为附庸、为寓公、为大夫、士以奉宗庙，安生理之异。然则诸侯所得继世者，先祖德长也。至今而斩，耻过于杀身也，故纪侯不能下齐。若越之灭吴，曾谓不得甬东？而吴子辞曰：孤老矣，焉能事君？

问：然则襄公复仇当奈何？

答：执其君，问诸天子。

问：天子不能定奈何？

答：《周礼》则言之矣。齐襄所为，纵不若《穀梁传》言之甚，实令庶子夺宗也，令纪人无君也。且纪侯为王后父兄，以公羊家言，则天子所不臣，而齐襄灭之，亦太甚矣。公羊以附庸之为仁，此我不能解也。

问：大夫可复九世之仇乎？

答：不可。

问：大夫不亦世乎？

答：卿大夫士，世禄止于曾孙，官爵本不世也。

问：五世之仇可乎？

答："子夏问于孔子曰：居父母之仇如之何？夫子曰：寝苫枕干，不仕，弗与共天下也；遇诸市朝，不反兵而斗。曰：请问居昆弟之仇如之何？曰：仕弗与共国；衔君命而使，虽遇之不斗。曰：请问居从父昆弟之仇如之何？曰：不为魁，主人能，则执兵而陪其后。"（《礼记·檀弓》）以丧服言之，则斩衰之仇，不受诛则复。齐衰之仇，当先君命。大功之仇，不为魁。然则卿大夫士之仇，祖父母之仇当听于调人。曾祖父母之仇，唯君或国人攻之，然后从之。

问：然则官师一庙，可复祖父母之仇乎？

答：宗子去国，庶子无爵者，望墓而为坛，宗子死则祭于家，何必有庙，然后有亲？

问：方希直子弟奈何？成祖正乎？

答：桓公正乎？夫子尝正昭公之墓，未毁桓公之桃，不出宣公之主。故杜氏曰："诸侯篡立，虽以会诸侯为正，此列国之制也。至于国内策名委质，即君臣之分已定。故诸杀不成君者亦与成君同义也。"盖虽得国不正，若先帝之德未尽，遂其顺守可也。季子哭王僚而避阖闾，以此也。

问：然则逆取者，得顺守乎？

答：继体为君，经也。逆取不诛，权耳。有石碏在，则诛逆可也；

有乔木在，则共和可也。若无如此之势，遭于不测之时，亦以国事为重也。

问：设有铁公、方公子弟，得仕成祖乎？

答：三年之丧期不使，况取而杀之者乎？当遂孝子之情。

问：仁宣嗣位，得仕乎？

答：复仇不除害，何注：取仇身而已。窃谓革除之际，有死于金戈者，非成祖意在于杀也，仕成祖亦无不可。有死于节义，而成祖未尝罪辱者，以不改父志言之，则不仕成祖，仕仁宗可也。有抗节秉义，成祖罪辱杀之者，嗣君若复其名，则仕之可也。然则嗣君亦有疏忽不置者，窃谓科举需报曾祖名讳，则孝孙闻之心瞿，不堪入闱也。然则曾孙以下仕也。

问：子孙皆不仕，有是理乎？

答：中国而不仕，不犹无君乎？令子弟从此为鸟兽之俦，岂先君之志？大谬也。

问：建文崩，即仕成祖可乎？

答：亦可也，权也。

问：豫让于君，有众人、国士之别，其可乎？

答：孟子亦有腹心、国人、寇仇之别。盖上无天子，下无方伯，缘恩疾而已。君不受诛，则复仇可也。君臣无义，则本当去之，若为贫而仕，则君之禄己，亦如众人，亦无复斩衰，虽复仇，不为魁也。

问：唐有徐元庆者，父为县尉所杀，手刃之而归罪。陈伯玉议诛之而旌其闾，且请编之于令，永为国典。而柳河东曰：仇天子之法而戕奉法之吏，不与旌之。义当奈何？

答：《周礼》有调人，父不受诛而死，当持瑞节以复仇。后世无调人，直以律例断之，正也。故陈公、柳公，皆诛之不疑。至于旌表可否，不涉法禁，以为令典可也，不恤其志亦无妨。然以《春秋》之义推之，所以大复仇者，君臣父子，非自外加也，本于孝子忠臣之心也。《春秋》成其志，成人之美，不成人之恶。则父不受诛，复仇当旌；父受诛，凶犯大逆。亦当明谕乡里，俾民忠信。此亦调人深意也。

答方希直死节事

或曰：方希直不即死节，非义也。

答：正不正者，以其终也。或利而行之，或勉强而行之，及其行之，一也。逊志斋死节于靖难，则文与也，余非史论。逊志斋不明大义于建文，其非大贤可知。然我所谓大义者，以燕王服则诸父，叛则寇贼，君亲无将，将而诛焉。逊志斋不明君臣大义于先，以有革除之乱，此其不贤也。然则既以诸父期之于先，则何嫌以周公冀之于后？则城火不死，以其不明耳。然则或以不明，或以不贤，而终不以亲亲废尊尊，其死则义也。君子与其可与，不责其不能可也。

或谓：惠宗让皇帝仁爱。

答：非君子之论也。燕王不杀，于是百姓暴骨，何若歼厥渠魁，胁从罔治？且载在圣经。而朝臣不明，非真识大体而正名分之辈也。臣工当谏曰：燕王于上，亲则诸父，义则君臣。上既践祚，当以公灭私，将而诛焉。

或曰：方正学间人骨肉，非正也。

答：兵者凶事，不使仁者辅能者。君亲既将，凡杀燕王者，正莫大焉。燕王杀，则百姓保，舍此皆非。正学小正，不能大耳。

或问：让臣可事成祖不？

答：犹管子可事桓公不。盖文之于让，犹可以然之域也。革除非正，死节义也；践祚可然，从之虽不义，亦非罪也。

问：成祖当如让臣何？

答：从则收之，守节则义之可也。杀国士，君无道也。

问：如让臣谋杀奈何？

答：成祖在可以然之域，则践祚矣，天下莫非王臣。在天子，则容义士；在义士，则不可将天子。如以守节不仕者，岂有谋逆之事乎？然则成祖之畏，在乎建文未死社稷，或恐义士趋而复辟也！

问：然则义士得为复辟乎？

答：如欲守国，早当迁都。既去宗庙，何望承重？则让臣随之为富家翁可也，复辟则不义。

问：然则成祖之追建文可乎？

答：成祖非不能治国也，而屑屑不能死国之建文，亦臣工之不明也。昔晋献之安，非杀里克之利也，国有君子也。晋文之危，非容旧臣之过也，其德未孚耳。成祖不务其本，身死而失安南，废宝船，亦其宜也。

问：成祖应为建文立庙乎？

答：桓公弑兄，未闻废隐庙。文公尊父，不闻出闵庙。则葬以天子，礼也。附庙、立庙，亦礼也。然则葬则然也，立庙不亦伪乎？成祖不为，失礼也，然则惭焉。

问：成祖不立，而武宗、神宗、威宗议之，昭宗立之，不背成祖乎？

答：从祀先公，定公不背文公。昭公入兆，夫子无违定哀。则武宗者，成祖玄孙之孙，于成祖则祧，于太祖则传，议庙，不亦可乎？不果为憾。

答 秦 论

问：若曰秦非正统，如称统一中国何？

答：三代孰非一统？何必曰秦，然后统一？所谓统一者，不过三代封建，秦始郡县而已。称秦始郡县则可，称始统一则非。又须知秦灭楚兴，若项王不亡，炎汉不兴，或刘季虽立，韩信不除，则焉知将为郡县乎，封建乎？故秦始郡县是也，而中国所以从而郡县者，以高祖、吕后继承秦制，而汉兴三百年，以令天下人不复知封建耳！若有秦无汉，焉知咸阳一把火，天下不为霸术裂乎？

问：秦始郡县，而谓之统一中国，不亦可乎？

答：秦制以郡县统一，周制以封建一统。谓汉兴，天下遂为郡县可也。谓郡县乃有一统则不可。窃唯郡县之一统，以刑政也。封建之一统，以礼乐焉。三代之盛，化行南国，非自周也。商自大东，周起西鄙，咸称区夏；楚人入贡，中山慕化，非以威服。盖周公之制，朝聘会盟，方伯连率以尊天子；内夏外夷，礼乐仁义以宪四海。周王失德，吕不韦始灭之；七国相争，未尝废长城。则何必郡县，然后有一统？且以秦政论之，刑政尚未行于新国，而爵禄已败于帝座，祖龙死而天下分，谓之统一，后世法之，吾其危之！

问：秦，一国也。周，亦一国也。秦何以不正？

答：武王伐纣，盖三仁既去，孟津不期而至者八百诸侯，天下归心，焉得不伐？时纣则独夫，武王则天下归往，时之正也。战国之末，周王失德，秦虽灭之，天下未尝悲之。则秦之不正，故不在灭周，而在以暴取天下也。故王朝非不可替也，天下非不可取也。以恩德为天下归往，然后取之，正也。虽无恩德，天下比于无君，取之也易，守之也仁，亦得谓之正耳。天下莫之归也，而悖诈以灭之，则不正也。如能用先王之道而仁义守之，尚可说也，可谓逆取顺守；不能以仁义守之，则至不正者，不可说也。

问：先生亦曰：秦犹有周礼，仿佛上古之民。则以七国之初，秦欲以正道平天下，将能一统乎？

答：可也。孟子曰百里可以王，而况秦乎？

问：如周王尚在何？

答：先为方伯。

问：方伯足以弭兵乎？

答：晋楚迭为伯，华元足以弭兵，曾谓方伯不可乎？

问：方伯足以书同文，车同轨，行同伦乎？

答：齐桓之盟曰："诛不孝，无易树子，无以妾为妻，则行同伦也。无遏籴，无曲防，无忘宾旅，无有封而不告，士无世官，官事无摄。"则犹浮于车同轨矣。而文襄之霸，又有吊丧之制，朝聘之时颁焉。则方伯为之，焉不可？

问：若是，则尊天子乎？将自为王乎？

答：二者孰有？天子可尊，则诸侯固尊之，霸主敢不尊乎？天子失道，则诸侯固不尊之，则霸主亦从诸侯所视。东西相王，则天下岂无小人劝进？天王出居于郑，则天子失伦，亦可出之。苟秦霸而尊王，周王亦应知天下归往。昔三家分晋，田氏代齐；时燕禅子之，赵武内让。且郑自降爵，王避高台。然则禅让者，圣人之高致；祸福者，匹夫之所趋耳。何独周王而不知此乎？

问：若是周王不让，秦伯不敢，不犹无王乎？

答：善哉言！予故曰文王之时，天下亦无王也。然则武王之烈，自古公之德也，诗云实始翦商者，谓古公以降，周代有圣德，商世有惭德。至于文王，受辛仍其不让，文王继之以诚，天下故无王也，唯仁义在焉！然则天终将无王乎？诸侯终将彷徨莫顾乎？然则武王应之，其久乎，其速乎？

天下为公说

天下为公,《礼运》之言,国父所倡,况《尚书·周官》曰:"以公灭私,由来尚矣。"

公者,《说文》曰:"平分也。"故《礼运》之大同,谓尧舜也。《尚书·尧典》曰:"九族既睦,平章百姓。"经传若循连环如此。《韩非子》曰:"自营为厶,背厶为公。""以公灭私"传曰:"以公平灭私欲。"《释名》曰:"私,恤也,所恤念也。"然则私者,欲也。《乐记》曰:"感于物而动,性之欲也。"则私者,故人之七情(《礼运》:"喜怒哀惧爱恶欲。"),若夫物之感人无穷,而人之好恶无节,则是物至而人化物也。然则公者,不迁于物,而有恒心也。《左传》曰:"公家之利,知无不为,忠也。"故私者,纵情于物以殉身。公者,《中庸》曰:"性之德者,合外内之道也。"然则大言之,为公者,即复性也。故理学论性理,诛私心,正是天下为公也。

《白虎通》:"君者,群也,群下归心也。"《易经》曰:"家人有严君焉,父母之谓也。"《丧服》:"妾为君。"故《说文》曰:"尊也。从尹,发号,故从口。"盖凡有下级,受其指使、发号者,皆为君,即今曰上级也。则凡有上下级,凡有科层制之处,便有君臣,古今中西,不容不然。

若大同之世,尧舜禅让,天下为公之谓也。然而舜受终于文祖,肆类于上帝,不曰帝乎?

然则天下为公,非无君也,谓天下有君,能述事继志,足令天下所归往,而上帝以应民听也。崖山赴义,岂为一人?以此一人者,天下所系也。恭宗降虏，帝虽在，非所系也。端宗、帝昺，无寸土，元首哉！朝鲜北伐，天国诛妖，岂曰威宗、昭宗，一人尚在？一人虽没，天下尚在也！为此一人，即为天下；忘此一人，即忘天下。

所谓公者，以泰西言之，当曰公意，即一人群之古老法律，自祖先之契约，代代相沿，历久弥新，人皆生于斯，成于斯者也。此群人所不疑不易，从之若固然者也，即中国所谓礼乐也。泰西五性亦在，其义理伦常，流风善政，若信仰、风俗、宪法、法律、哲学云者，亦略有礼乐之一体也。此与中国亦同。

虽一人而奉礼义，使国中皆知有礼义，则至公也。虽无世袭，人人不知有礼义，则尽私人也，岂有公乎？乱我国者，私也。外无礼义、制度足法，则不知轻重；内无格物、致知可恃，则殉于情欲。然则天下为公者，非目一人之谓，天下人，人人应自问者也。

儒家非血缘宗族主义论

或谓儒家为血缘宗族主义。此不经之谈也。凡读礼经之人，不敢为此论也。

《礼记·丧服四制》曰："门内之治，恩掩义；门外之治，义断恩。"为父为恩，为君为义。《礼记·丧大记》曰："既葬，与人立：君言王事，不言国事；大夫、士言公事，不言家事"，"君既葬，王政入于国，既卒哭而服王事；大夫、士既葬，公政入于家，既卒哭、弁绖带，金革之事无辟也。"可见国事重于家事，公义大于私恩。又臣有父母之丧而君薨，若君未殡，则先殡父母而后返于君所，大事乃归家；君既殡，归居于家，大事如君所；君既启而闻父母丧，归哭，然后返送君（据《礼记·曾子问》）。又《公羊传》曰："君有事于庙，闻大夫之丧，去乐卒事。大夫闻君之丧，摄主而往。"可见慎终追远之大事，并以申君，非独血亲为重也。曲礼，公门无私讳，君前子称其父，不得私讳也。《左传》曰："公事有公利，无私忌。"时忌日不用，而公事亦不避之。

《公羊传》："君存称世子，君薨称子某，既葬称子，逾年称公。"逾年即位改元者，为国不可一日无君也，故为社稷厌其私恩，君臣同也。又《礼记·曲礼》曰："国君去其国，止之曰：'奈何去社稷也！'大夫曰：'奈何去宗庙也！'士曰：'奈何去坟墓也！'国君死社稷，大夫死众，士死制。"国君有守土牧民之责，故不得如大夫曰宗庙，不得顾私也。是以梁惠王曰"何以利吾国"，而孟子不与也。又《礼记·王制》诸侯三时祭，重王事也。天子虽有丧，唯天地社稷越绋执事，社稷有重于宗庙也。

"君子不以亲亲害尊尊，《春秋》之义也"（《榖梁传》），是故闵僖兄弟而别昭穆，卫辄拒父以尊王父。《公羊传》曰："不以父命辞王父命，以王父命辞父命，是父之行乎子也。不以家事辞王事，以王事辞家事，是上之行乎下也。"

《礼记·内则》"由命士以上，父子皆异宫"，是受命于君，当存其尊也。若"一命齿于乡里，再命齿于族，三命不齿"（《礼记·祭义》），可见受命于君，则不得顾私亲也。

诸侯内朝以齿，外朝以官，别内外也。《礼记·丧服》传曰："（始）封君之孙，尽臣诸父昆弟。"故《榖梁传》曰："诸侯之尊，兄弟不得以属通。"

古者赏于祖，戮于社。《周礼》："有功者，铭书于王之大常，祭于大烝，司勋诏之。"是与祖先共尊功臣也。礼，亲尽则祧。《尚书·商书·盘庚》："兹予大享于先王，尔祖其从与享之。"盖亲亲之杀，尊贤之等，礼所生也。《尚书·周书·康诰》曰："庸庸、祗祗、威威、显民，用肇造我区夏。"

古者国有世臣，然而春秋讥世卿，但以贤者当有土，而父子有世禄而已。"公穀"尚"讥父老子代从政也"。又以宗法制度，诸侯别子为祖，继别为宗，何哉？以宗子不敢祖诸侯，嫌敌君也。况古者小宗，五世而斩，非如嘉靖后，合家聚祖，袷祭于祖也。其用意，则防止继别之宗日益庞大，而至于挟君。故宋三世内娶，公羊谓"无大夫"也。盖内娶，则失君臣之别，而启戚党之心。可见于宗族之事，古人重君权、政权而非族权如此。

以《丧服》言之，臣为君（君指大夫及大夫以上）斩，是尊同于至亲也。"天子诸侯绝旁期"（《白虎通》），是君统独立于宗统也。继父有同居异居之分；姊妹大归后有后无后之别，是施报时中，非但以宗法论之也。

妇人出嫁，除至亲外皆降一等；对夫党则从夫而降一等。丧服制度谓之"出入"，即对宗族从属，有所变更。斯可见宗法与血缘不同。而妇人谓嫁曰归；为夫三年，父母舅姑皆期；未庙见而亡则归于女氏；

· 104 ·

慈母如母；《穀梁传》且以诸侯妾母不得称夫人，可见妇人之宗法，全以义得之。

若《周礼》"以九两系邦国之民"，郑注方伯、诸侯、师、保、别子、公卿大夫、吏并虞衡，皆有职官也。友者若同井耦合锄作者，似无官属，实则"曾孙来止，以其妇子。馌彼南亩，田畯至喜"，亦有专职两之。而大司徒下，闾胥、比长、里宰、邻长，更有司门、司关，林衡、泽虞……大司马有都司马、家司马，大司徒有朝大夫、都士、家士，此事无巨细，皆朝廷所辖也。又大司徒"以本俗六安万民：一曰嫔宫室，二曰族坟墓，三曰联兄弟，四曰联师儒，五曰联朋友，六曰同衣服"。六行即孝、友、睦、姻、任、恤，则儒家所安所行，何止宗族而已？《尚书·泰誓》罪纣，则曰："罪人以族，官人以世。"是以族以世，儒者所不齿。

又《学记》："建国君民，教学为先。"《礼记·内则》："十年出就外傅，居宿于外。"故子曰："里仁为美，择不处仁，焉得知？"古人长而就学、仕官，诗云："王事靡盬，不遑将母。"又云"肃肃宵征，夙夜在公"，其造次若此。

又《汉书·食货志》："在野曰庐，在邑曰里。五家为邻，五邻为里，四里为族，五族为党，五党为州，五州为乡。乡，万二千五百户也。邻长位下士，自此以上，稍登一级，至乡而为卿也。于是里有序而乡有庠。序以明教，庠则行礼而视化焉。春令民毕出在野，冬则毕入于邑。其《诗》曰：'四之日举止，同我妇子，馌彼南亩。'又曰：'十月蟋蟀，入我床下'，'嗟我妇子，聿为改岁，入此室处'。所以顺阴阳，备寇贼，习礼文也。春将出民，里胥平旦坐于右塾，邻长坐于左塾，毕出然后归，夕亦如之。入者必持薪樵，轻重相分，斑白不提挈。冬，民既入，妇人同巷，相从夜绩，女工一月得四十五日。必相从者，所以省费燎火，同巧拙而合习俗也。男女有不得其所者，因相与歌咏，各言其伤。"以此为致治，何尝必以宗族为念？

宗族之事，汉唐虽有聚族同爨，不可谓多。宋朝之前，尚无街衢之市，厢坊一如《汉书》所载。行政必憎豪族，故汉唐治世，必限以名分,摧抑兼并。至宋,科考完善,选举道开;经济放开,仕宦随才;遂许田产买卖,永佃有法;部曲杜绝,奴婢有尊,方不以行政妒豪门,而宗族得以自治。然荆公新政,尚鹜行政,理财牧民,如青苗、均役,皆仿《周礼》。殆新政弊出,儒林方恶干预,而九两之义,转为民间师儒之教;乡里之政,化作乡约民规之风。然则宗族之胜,尚不在此时。盖《朱子家礼》不过为士庶立四代,又兼嫡庶有别,不得广泛也。逮大明世宗皇帝推恩天下,士庶乃可祫祭祖祢,而南北家庙祠堂,合族聚众。然而迁移立庙,往往数宗同祖;此时宗族亦不可以血缘论也。然则宗族独盛,尚不在此时也!盖明时社党兴盛,商业撩人。书院议政,乡里结党,同气会社,逐利异乡,比比皆是。时人有因之恪守礼法,六代同堂者;亦有缘情执礼,兄弟异宫者,不一而足也。

蒙 民 氓

"蒙,阴暗。"(《尚书·洪范》)"山下出泉,蒙。"王注:"山下出泉,未知所适,蒙之象也。"蒙卦之蒙童。童者,《释名》:"山无草木曰童,若童子未冠然。""民者,冥也。"(《灵台》笺)"氓,民也。"(《诗经·氓》)"变民言甿,异外内也。甿犹懵。懵,无知貌也。"(《周礼·遂人》注)

蒙、蒙童,民、氓,皆无知之象也。蒙童则师长教之,民氓则地官教之。盖教化之对象是蒙、无知,不预设其善或恶。山下出泉,犹是端绪耳,其善恶皆未表出。

蒙的观念(教化),非不预设,但不预设善恶的价值,而是预设了教化或曰天道人事的可能。

若善的预设,实如道家言,事实上反而造成恶的推定。即一方面言善、尽善,另一方面实则只是看到或畏惧恶。

老子的无为也宜在这个古典意义上诠释,而不是堕落为道家。

蒙的观念,不预设价值,但是对传统与进步的预设(类似《春秋》)。

诗云:"如彼泉流。"亦不预设善恶,只是言变,或将善,或变恶。并不预设善恶,这是易的精神。

接近佛家所谓清净。但儒家是刚直的学问,并不止于清净,而是要导向善。类似道家无欲与有欲。无欲以穷其微,有欲以成其大。与有相对的不是无,而是自然,是清净。以代入的态度来说,是蒙,是山下出泉,是如彼泉流。

是谁开辟鸿蒙?是道,是佛法,还是陡斯?对儒家来说是我,是自觉。人如何能自觉？因为人生来不是一个人，他必有父母，所以被自觉与自觉，在孝的范畴内是一体的。这是至德要道，是根深蒂固的良知良能，而父母或曰孝的蕴涵，也莫不在这良知良能中，固然，这需要后天极大的丰富和扩充。开辟鸿蒙，需要一个预设吗？理学家尚须一个理。而实质只需要一个孝，我在孝中，因孝而有我，而有我知良知良能。我不可舍孝而生，舍孝而存。

文　物

　　古语论中国，曰衣冠文物，曰衣冠制度。文物犹制度也。大哉文物！诸君能道北朝慕华，亦知何以慕华哉？亦观《唐六典》可知也，衣冠之美，口含香麝，故南朝接之以辞章，彼亦慕之以风流耳。唐朝突厥作碑，亦曰无贪中国器用之甚好云者。盖所慕者，饮食男女耳，然则道由生焉。彼入文王之境，观文物之美，乃知为国非敲骨吸髓，率百姓如禽兽然。亦得令百姓有衣冠之美，鱼水之欢，然后因以自奉，又于国有光也。然则诸夏之化，固在文物之美，官职之备也。是以楚见桓公，自此不敢不入于礼乐，而绳以义理矣。

　　君子亦然，平素皆道道德。设有一君，贫寒而无琴，则知其乐乎？清净而无妻，则知其养乎？明达而无书，则知其传乎？是犹可者，若夫自修而无友，行道而无徒，忧国而无文，则何以知其道德？君幸知之，吾恐圣人亦有所不知也！可无假乎？贫贱非不能养，而修容乃以远行。

　　然则文物之贵，非浮薄之美，资于六官者也。邦国之典，活人之术，天官之文物也。土地之图，人民之数，地官之文物也。昭穆之序，器乐之和，春官之文物也。封疆之赐，兵甲之威，夏官之文物也。朝廷之位，狱讼之中，秋官之文物也。知者创物，材美工巧，冬官之文物也。六官文通物备，然后四海慕义畏威，朝中不言而正，四海不问而来。天官失则不久，地官失则不治，春官失则内乱，夏官失则外削，秋官失则民溃，冬官失则国穷。无其文物，何以施教？六官行，文物备，然后衣裳辞章可观，香草美人可怀。四海虽为饮食男女而来，又以礼义归焉。

述　学

论心

　　要格物，要徧格天下之物。这点出朱子，但内容不能从朱子，因为朱子没具体说（这是宋学一大问题），而是用康成的学问落实。所谓格物，就是做古文家（以康成为代表）那样的宏览博物君子。因为对天下事物皆有了解，且皆颇有了解，而能格物致知。致知，便是康成说的，知其终始吉凶。这不是说像宋儒一样得了天理便可安身立命（天理也不那么容易），而总是害怕恶的东西坏了别人心性。人就是生活在事物之中的，纵不处事，也要格物。你若是静坐入了定，那也是个事头，有你入定的终始、成败，至于这定了是否能静，又是否能虑云云，全不是想出来的。或者糊弄岁月，或者遇到关头，至于是善事恶事，又在两可。所以，宋儒所甚以为善的功夫，在汉学看来，也平平常常。然则宋儒所甚以为恶的东西，在汉儒看来，亦不过身边过往事而已。人需是经历了，学习了，知道了，明白了，才能把事物看淡，也就是复归于事物本源之常，而不假以心念（以自己的想法去把事物看成好的坏的），如此方得一个静。这静不是逼出来的（强迫自己体悟），也不是定出来的（逃避所谓干扰），而是自然生出来的。格物致知至此，方不枉了古之学者为己。（宋儒每谓汉儒体悟圣贤不够，殊不知汉时纸贵，又无刻本，经师注解也是需要体悟的。）人作如是观，则善与人同。在他看来，人之从事，各有其终始吉凶而已。而君子之明澈，不是空说一个悟道性善就了了，而是要能够明白各人的终始吉凶，而能给他们一个和谐的位置。以

·110·

王者言，就是他能够看清他人的是非贤愚真伪，而安排好他们的职位。至于那作伪的也不抛弃，而是根据其特长使之发挥，其缺憾有就有吧，反正让他误不了事，害不得人。以君子言，则能够明白周围的是非真伪，从而有朋友，有路人，而各自有所尊敬与往来；不弗人之性，不强人所难。所以，君子见那好乐之人，恐惧之人，忿懥之人，或如此之事，也不徒作忧患。盖他知道事物之起，又知事物之终。他亦知人之天性有不同，而各自操守有所重，故不以一事为是非，亦不以人情为得失。这才是君子之静。若是一看到匹夫匹妇好利，便感叹世态炎凉，只是他不知世事而已。君子则自知人性之弊，不以善端废其委曲；又知所以移风易俗之道，不以一眚掩大德。是所以自处也安，而处事则成。非宏览博物君子，又孰能如是？是以读天下之书，处天下之事，皆所以博闻也。《论语》首章《道学》，正在此也。纬书以夫子为无所不知料事如神，亦为此也。博闻则心自定，是以古人尚年高，盖其或不肖，然事之终始，亦足以知之。人皆骂少年轻狂，非其性轻狂也，其闻不足以博，是以不重也。

论学

然则博闻从何而始？曰自礼也。然则礼经难读（因其多不及实事，及之者又未免简练），可自春秋始（也不拘"三传"、宋传）。然而读《春秋》须知《春秋》中有正邪是非善恶，不可囫囵来看。尤其《左传》中，有至理之言，亦有文过之佞。若是一概以为古人心地纯善，则不唯胡说，亦无从使乱臣贼子惧矣！今人学宋学而不得全体，以为言善便是道德。须知格物者，来物而已，有善来，有恶来，皆需格之，格之方知终始吉凶。若以为求道便是来善而畏恶，则直是投机！何容致知？况苟志于道，无恶矣，尚讳谈恶乎？春秋弑君三十六亡国七十二，是言恶人恶事之书也。君子读之至昭定时，莫不扼腕垂泣。君子知王道之何以坏，贵戚之何以自亡，而后立志澄平，是以乱臣贼子惧也。是学儒而讳言恶者，心不静而知不达也。相与道德相高，言不及义（义者，是非也，是非者，无非事也），是纵欲也。然则《左传》亦难读也，是不若二传处。夫子之教子，先曰诗，盖当时交际所用；再曰礼，盖君子立身之本。今之人未学杂服，不知轻重，而动辄以道理相高，是所以本末倒置也。

处事

是故君子当讷于言而敏于行。不以己之好恶，而能度人之得失。见人之征，而言人之善。见人不及，言必技术细节，则人乐改之，亦可见效。见人之善，无妨以道称之，则人将乐学，有所砥砺。他人有行，当与众人乐之，使天下人知朋友有如此之志也，所以求善士于天下也。他人有过，亦思其所以致此，而体恤其心，则虽不发一言，人已知之。若见人不及而言道，是自伐而鄙人也；若见人之善而不言，是冒妒也；若人有小过而攻之，是不信性善也。凡事度其轻重，别其大小，料其终始，预其吉凶，然后于人言善恶，而善恶为可知，而善言可入。否则，囫囵言之，幸未颠倒是非，已而养成懒散。己则懒散不竭忠，而谓人不听劝，谓人性恶，则穷斯滥矣。人之谋事不成，有不知而不成者，有知其不可为而为之而不成者，有知其不可为而不得不为而不成之者，有将成而人坏之者，有人谓之成而终坏之者，有人谓之不成亦终坏之者，盖世事纷纭，不可一概也。今有以得道者必成事，不成者则信道不笃。故作高深，实则以成败论人而已。先师堕三都不成，而季氏尚知敬之。人之成事，有成之而后大者，有成之而后衰者，有人谓之大而莫可大者，有人谓之大而后乃大者，有人谓之衰而终衰之者，有人谓之衰而是以衰之者。成事不难，而不衰则难，难在人心，难在人言。是曰：行事便是人心，人心便是行事。但此处着实，故人不好之。君子者，必知终始吉凶以处进退，以谨言行，不乱众志，不坏人心，不诬人性。

与人

心之静定，非神色之谓也。必知终始吉凶而后定也。然后时乐则乐，时笑则笑，时怒则怒，岂不快活？故君子不憎小人，但使就位而已矣。治学亦不绌百家，盖本立道生可也。今之道学，憎小人而不暇，又憎君子不入道；言王道且不能，先骂科学为无道。科学亦今之一事物耳，其终始且不知，是格物尚未足也。又动辄毁损，则心亦不静也。是知之未致，果不能静也。

道学

勿以佛家谈悟便崇之，勿以西学谈术便毁之。佛家亦一物也，西学亦一物也，物便有其善恶，有其终始，有其本末，有其吉凶。格物者，物来而知至也，其格之不深，则知也不至。今人多不至者，故每以毁誉加人。君子者，则知百家之长而会心，得技术之妙而近道。故君子者，半日习经，半日学艺；其体物也无穷，其与人也无间。经书者，我所本也；墨法道医者，我所乐也；数学、逻辑、经济、政治、心理、物理，我所游也；士夫、愤青、农民、佣工、商人、小吏，我所道也。是以君子无入而不自得焉。

言礼

礼者，五经之本也。礼是世界的秩序，是处事的艺术，是先王为万事万物之存在，而给出的近优解。是故处事必循礼，如书法必临帖，学琴必打谱。书法要在挥洒自如，学琴贵在大音希声，礼亦在从心所欲不逾矩，盖古之学者为己也。然而人生天地间，天赋杂于气质，存在先于本质，何为自我？何为自由？一如书不习古则间架乱，琴不循谱则声色乱，则处事不循自然之规矩，不法先贤之要道，亦将勤苦而难成。是故礼学者，以恒常之道，赋予自我之形；以先王之心，成就自我之功者也。其小则进退揖让，其大则治平天下，而讷言敏行为本也。经学者，礼学之推广，所以成就礼仪之邦者也。

论民

儒家讲求"他人有心，予忖度之"，所以我们读经，是体悟圣贤之心，与民众说良知，是体悟民众之心。不能体验他人之心，则其心必为私心（虚荣、巧名）所蔽，则失其天性矣！又何仁道之有？宋儒之不满于古文派，盖其体验先圣之心不足，故继之以理学，凡事欲求根柢，不囿师说。明儒有不满宋儒，盖其体验人人之心尚不足，故继之以心学，与民众鼓舞良知，不囿己见。然而汉学盖以先王为心，故其率行以礼，不为理由所羁绊。可见自古儒家皆能以忖度他人之心，以成己之性，而是以性善道行。今人读经既乏师法，悟道又离群索居，是自以为是，莫可道也。救其弊者，读经必自一本古注开始，不许其漫漶谈说；言道必以乡里实事证之，不许华而不实也。故王者无弃民。明儒道满街圣人，亦不怯于教化民众，真有王者心胸者也！

学　薄

圣王之学，或先王所传，或民心所往，或非中道，实用其中（天道人情）。山虞、萍氏非公也（不利豪民），以成天下之公；关门、漆林非德也（有嫌重赋），以成万民之德。盖述事继志，三年无改；殷罚有伦，三恪不忘；虽有圣心，岂敢自作？王者往也，天下所归；殷天降命，聪明自民；虽承天道，岂逆人情？故先王取其两端，用中于民；利用可言，百工可畏；盟誓曲制，巫女坊德；割刀善断，器唯求新。圣王建极，固非人情之云道德，实参天地之为流变。时能夏政戎索，曲尽其诚；门内门外，是非不替。盖践祚朝朔，省方观民，日行之耳。后世天子，或乏圣德，而无念乃祖，不愧生生，则守成以上，学亦可观。

圣人之学，有德无位，时不得制事折中，盖比而述之，仿而作之，虽曰建极，经权而已。《公羊传》颇有大义，其事制曲防则不若《周礼》之备。然则夫子所不备者，不唯周公备之乎？是学圣人有道焉。后世贤人，又未有圣人至诚，以观先王妙徼。虽曰中道，其知则凿；虽曰至德，其质则野。若夫初不义战，至于非攻；仁心不止，流于兼爱；大道得名，父天母地；礼乐所薄，愚民酷法，是其著者耳。若夫天地为一，何以成物？推仁不止，何时以道？事称理一，孰知其分？静归虚笃，孰动而感？有难辨者焉。盖圣人法者，先王也。贤人好者，道术耳。圣人见诸行事，是以不得天子之事，犹有王心。贤人但称师门，是以不察志淫好辟，以为贞一。然则送葬不辟涂潦，乱世敢去重典？天子、圣人，犹行其不得已，以与民之不能已焉。岂囿于成说，而忘社稷？自成高尚，以傲生生？

故圣王之学降为圣人之学,尧舜之道则一。圣王之学传为(守成)天子之学,万民归往则一。今虽不得周公践阼,犹可以《春秋》之心加焉。然则圣人之学转而为贤人之学、经师之学,则渐行渐远,非复立志矣。

然则经师作古,经术失传,师说之不逮,则又有义理之学兴焉。有望先经师之隐括者,犹中绳墨,汉学(如郑注"三礼",何注《公羊传》,杜注《左传》)是也。有自以天理之一贯者,亦差可观,宋学是也。值其末流,迟讷者呻为章句之学,狡佞者饰为清谈之学,而严师绝迹,天理荼毒矣。而章句之不足,又破碎为训诂之学;清谈之不足,又委身为谄媚之学。

窃惟学从厚重。

自　述

我深以为，在今天只读《论语》，是与圣学无缘的。当年打动我的是"吾与点也"的"孔颜乐处"。这对当时的我真是救苦救难的，使我明白了人生原来可以快乐得活着，而不是只能做痛苦的巨人（当然，能不能得到快乐是另一回事）。大家显然都明白：当年所得到的，是错觉。这就是只读《论语》的危险性。所以，今天必须要告诫大家，《论语》必须和《春秋》（首推《公羊传》，《穀梁传》也可）一起读，而且要以《公羊传》为主，《论语》为羽翼，而绝不是相反。

当年我不喜欢《孟子》（小时候我曾生活在孟子故里，我很觉得这种背叛乡亲是可耻的，但当时确实不喜欢），不喜欢的原因是《孟子》的文字太容易读懂了。但是，貌似太容易理解的东西往往因此不被人理解。

我理解孟子，是从奔走礼仪和在明德学堂任教的过程中，因为人生阅历的丰富而渐渐会心的。我感到孟子的许多经历，是如此与我这样一个卑贱的求索者心有戚戚。而孟子的话语，是那样简洁明了，却剥开事实的本质！他回答世间的非难，维护儒生的尊严。

这也是我接触朱子学的开始，因为我教学用的是《四书章句》。确切地说，我读的第一本朱子学是云庄的《礼记集注》，或者九峰的《书传》（记不清了）。但时间太早，我并不能理解礼仪的复杂，也就无从体会注解的内涵。相对而言，《四书章句》确是入德之门，是弱冠之年所能把握的（至于把握多深还看个人阅历）。但读《礼记》

最重要的，就是让我有了目录学式的认识。在后来结识汉网的时候，我会想到深衣，会担当起礼仪的工作。至少，那些肤浅的阅读，使我稍别于比我更肤浅的许多儒学研究者。至少，我学到了儒学都有哪些内容，而不是在不知儒学内容的时候，就用自以为得道的心蒙蔽了学习的能力。从后来的经历讲，我真是很幸运。尤其我借到的云庄那本，是古版缩印的小册子，不经心的浏览让我觉得很愉悦。也许一些义理（那时只能理解义理部分）曾经打动我，但都不记得了，也许当年写《选举人义》时对位、对等、对不齐的看重，是受了《礼记》影响。

我之进入真正的儒学，是因为《左传》。确切说，是有一个引路人——墨憨斋的《东周列国志》（他是苏州人，而我们家族出自苏州，所以我搜集了他的全部著作）。吊诡的是，我当时看的《左传》本子，却是墨憨斋的《春秋衡库》（上古整理本），也就是左公穀胡四传、少量宋明诸家及《国语》《史记》等资料的合订本（后来发现《胡传》是全文，且是不曾被四库删过的正版，但《左传》并不全）。另一个本子是傅隶朴先生的《春秋三传比义》，这个本子对"公穀"冷嘲热讽。在今天我自然非常遗憾，但当年却读得非常兴奋。我无法判断对《左传》的感情及观感从何而来，也许多半是《列国志》的史学风格吧。我当时也看过蒋先生的《公羊学引论》，可惜入宝山而空还。因为我更喜欢看顾颉刚先生和童书叶先生的考辨。幸运的是，史学性的阅读使我没受傅先生的蛊惑；而当时济南实在找不到几本古史辨派著作，又使我躲过了近代的喧嚣。不过看古史辨的好处就在于，看了顾先生的东西，再看近代西化学者（如胡适之）的国学研究，就觉得味同嚼蜡了。所以，新儒家的书，除了梁漱溟先生我都没看过。

总之，真正触动我的，就是《左传》所渲染的仁与礼。礼乐文明与君子风度，在我和朋友的脑海中时时复现。也许早期的阅读总是充满误读，但也有感觉正确的时候，甚至比后来为成见蒙蔽的评论，更真切。至少，我是受用的。礼乐文明与策士的扶危定倾，使我向往那个时代，向往重现中国的唯美。

此后是一段充满误解的泛读。最著名的，是误读《庄子》，乃至我曾经一直以喜好《庄子》自居。直到读懂郑学之后，我重读《庄子》，才意识到《老子》是正宗。当然，不论是毫无感觉地读《公羊传》，还是空乏地读《周礼》，甚至不耐烦地读《仪礼》，总之，按照十三经和诸子百家的目录，按照图书馆能借到的混杂版本，我都读了一遍。

然后，是甲申年年末，因为结识好古先生，而担当了礼仪复兴。这次是我主动而目标明确地实践经典。这是完全不同的心态，和完全不同的技术要求。比如深衣，搞学问的写个《深衣示例》（这是本考证不经，概念混杂而貌似博学的清人名作）之类就可以了。但实践深衣，就要细致到布幅、缝线、尺寸的考订。

当时的礼仪基本是《仪礼》《家礼》《明礼》互参的，因为当时的定位是复兴明礼，盖其器物自然些。但那时数据匮乏，自身功底薄弱，大多数要相互借鉴。其中，射礼尤其如此。乡射礼规模太大，而唐以后的三番射又没有礼仪感，当时也没有《泰泉乡礼》，所以我自定了明乡饮加三番射的程序。后来，发现器物和人员数目的涉及都和泰泉差不多。我只能说：大概泰泉也只是为复礼而复礼吧。

严格说，读懂《仪礼》前的儒学，都只能说是感情而已。只有读了《仪礼》，才真切感觉到先王的精致。这种精致，随着阅历的提高，不断呈现在我面前。体验到了如此的和谐，人生还有何求？如果先王在世，有什么苦难不能泯灭呢？

也是在这时，古文家的信仰默默生根。天理尽在先王之礼，尚待何求？其他任何置喙，都只是自不量力而已。先王告知了我们如何美好地生活，如何全方位地生活。真希望有一天能做出什么成就，以对扬王休。

这种情怀，来自两个被今人割裂的传统，一个被称为汉学或郑学，一个被称为理学或朱子学。当然，结合大量文献来分析，二者之间有着莫大的联系，不仅仅是朱注学庸中的新旧注结合部的痕迹，也不仅仅是朱子的《仪礼经传通解》。只是，好谈心性，重视"四书"、语类的近代理学，与只谈考据，偏好小学、名物的清代汉学，割裂了两者之间的共同根基。当然，二者也不是没有裂痕。两人都是博物君子，但他们的时代之间，是五胡乱华、门第倾轧时代的玄学清谈。大概朱门会认为汉人不参性命，所以才会沦胥亡国。而以汉学看来，理学亦不免继承了玄学的穿凿。兄弟阋墙一般就是如此。但对于我，郑学和朱子学是同时的（当时的观感，认为郑学是礼学之正经，朱子则示以损益）。

在这时期，我有幸结识了公羊家云尘子先生。在出身《左传》的古文家看来，《公羊传》文本简直就是胡说八道。这个问题比郑学朱学的隔膜要大得多。因为其间的攻击和变本加厉持续了两千多年，直到蒋先生的《公羊学引论》还在持续着（需要说明，现在先生已经重视古文经的价值了）。但幸运的是，我读《公羊传》甚早，所以虽然开始以《左传》质证《公羊传》，但很快转入研读《公羊传》微言。当然更重要的，是我读书的十三经观念。无论如何，我承认《公羊传》是经书。仔细的阅读证明了我的判断：在表面的严重分歧下，《公羊传》《左传》并无原则不同，确切地说，《公羊传》《左传》与《论语》或者任何一经，皆无大差。当然，越深入的分析，越指出二者在《周礼》基础下的公共部分。这个说法可能公羊家并不喜欢，但古文经学就是追溯渊源的。

更幸运的，是云先生认为《左传》无义理，我整理了传文与杜注的义理条目。这对我的春秋学是非常重要的，因为杜元凯构造了一个精致而简洁的典型的古文经体系。更重要的是，有了一个整理后的文献，使我得以更深入地比较与公羊的异同：进行全文比对，而不仅就某条经文争是非。这实在是很关键的治学进德原则。与不同学派争论，不是为了一字一句的是非，而是为了学习。直到学到康成一样，能够入室操戈的地步，你才真正明白了异同。也直可以泯然一笑，知道自己过去的偏狭了。

当然，不能不提及此前的幸事。原本受《春秋三传比义》而对"公穀"很是轻视的我，因为《穀梁传》开篇一段话而感触到"公穀"的价值："君子贵义而不贵惠，信道而不信邪。"这真是直透人心。而更幸运的是,《穀梁传》越两千年学绝之后,居然还有传人,那就是我的挚友甲子癸亥先生。也许正是《穀梁传》的中正平和,给了我理解《公羊传》(以及打破史学标准)的一个心理基础。

稍后是把十三经注疏通读一遍,把宋元注"四书""五经"(大全本)通读一遍。把清注也看一些。然后感慨于甲子专治一经,在遍读群经的基础上专治一经。遍读十三经是讨论经学的默认条件(严格说还有版本问题,不过要求不必太高)。先生亦颇好墨子和道家。所谓专治一经,是保证家法纯正,所以此外只参考《尔雅》。不过似乎还借鉴《大戴礼记》,后经我劝说,也参《小戴礼记》了。而我以礼为本业,则"三礼"不能不通《周礼》。

这却是个苦难的历程。因为郑注读完后,我居然毫无领悟,完全不知措手。于是,又遍读宋明注。在读到吴文正《三礼考注》时,我终于豁然开朗,所以当时特别注意冬官未亡说。后来读王昭明《周礼传》(这是原经派),并且读未亡说多了,也就迷途知返(这和明儒进路完全一致),觉得不必造作的好。《周礼》是郑学和朱子学的公共领域。因为礼学方法的古文学来源,以及经学本身的稳定性要求,所以周礼学家的技巧和观念和古文学一般相去不远。后来冷不丁被要求介绍《周礼》,而能讲得大家都很欢喜,实际是很受惠于宋明周礼学家的指点的。固然,这在郑注中皆有影子,但原委毕竟是滥觞沧海之别。当然,我也有幸不把《周礼》当考古书读了。

然后是集中读些清今文的东西,证实了清今文确实不是汉今文,两者是完全不同的东西。后来又看《大戴礼记》清注,居然如此差劲。可见清汉学的名声,实际是郑注撑起来的。文字考据本身并不能取代义理作为分析经文的标准。确切说,义理之学实际是郑学的关键,因为面对十七篇与周官经的落差,康成选择的是以推演的方法构建礼学,而不是调和义理(注意,这里只是说主次。康成调和纬书,甚至生造夏殷礼的例子也很多)。

后来很幸运,我读了几本明儒的《礼记》著作。而郝楚望的《学庸注》则让我意识到,《大学》《中庸》除了朱子外,还可以有别的讲法。说来惭愧,作为长期接触郑学恩泽的我,居然从没想到去理解郑注的《大学》《中庸》,居然是明儒提示了我。需要说明的是,郝楚望遍注九经,号称驳郑,是那个时代流传不多的以郑注为本疏解经书的著作(固然,其学庸注并无郑学影子)。

也许是因为阅历的提高,也许是因为公羊学给我的义理训练,这次重读郑注,我突然明白了郑学的义理层,一个与理学完全不同但非常着实(借朱子的词)的义理架构。这个架构的基础是学(孔疏点明)。荀子的"始于学礼,终于为圣人"(《论学》)就是很好的总结。这个架构是一个连续过程,没有彻悟,没有止境,但也没有障碍,没有玄机。业宋学的人,总是期望十全天理,而又畏惧自己修行未全。所以宋明学的修身是大课题。而郑学的体系是一贯:格物致知是物来而后感通的自然行为。郑学的要求不在是否由一次次格物跃迁到一个可以涵盖万殊的理,而只是要求不断积累格物所产生的对于善恶吉凶的认识,这是个积累过程,当然也是个纠错过程。这个过程的目标,是最终把握事物的终始。也就是不仅看到此时的善与吉,还要看到将来的,直到最后的恶或凶。当人渐渐把握了事物的终始之后,自然不会为了眼下的诱惑而投机,这便是正心诚意。这个正心诚意不是先验命令,不是克服私欲,而是你眼界到了,阅历到了,自然从心所欲不逾矩。这是知的结果,而不是好之欲之的选择。如是看来,人生就是一个学习的过程,因为仁心而与事物交接,而明辨是非本末,以之呵护自己的仁心,以之成就自己的仁心。当你确实把握了身边事物的本末,自然可以左右逢源,拨乱反正了。

正此时,我得以结识公羊家如之先生(先生主治西哲,《易经》、亚里士多德和海德格尔谈得较多),并在先生要求下,整理自己的思路。而这一过程,使我得以更贴近康成的义理。同时,我与先生不同进路下的诸多契合,也使我相信,我的理解并非错觉。(一般来说,熟悉礼制之后,错误的概率会降低很多。)

因为帝尧绝地天通的关系,我一向反对士庶僭天。当年观理学家马先生与公羊家承冯志先生论战,我觉得古文正好在两者之间。在承先生看来,有个熟悉周礼的朋友在旁边,会让他心有底气。在马先生看来,古文家的务实态度,要比公羊的制作理想扎实很多。而我则戏称:公羊僭天子,理学僭圣人。此是一笑。

在我看来,《春秋》,夫子给出的不是公羊所说的一个别于《周礼》的新制,而是《周礼》在实施或俟圣时的损益之道。夫子深知任何一种制度都有其局限(所以公羊才讲通三统,这个承先生言之最确)。那么对夫子来说,更重要的是如何在将来的制礼中明辨是非,知所损益,也就是甲子所提出的,《春秋》的礼与正的问题。所以夫子之《春秋》,会讲一些制度改进,但更重要的,是要交给我们制度的原则。在《榖梁传》,就是甲子所举正不正的问题。在公羊,则承先生凡举立者不宜立也,通三统,及愚所指王道必自近者始,皆是。今观之,承先生仅视为制度性焦虑,似嫌不够。

对于理学,窃以为玄学家说夫子以有说无,此话甚好。诸君多论修身、天理,然而还是以修身之关头,天理之所在言之,要强于直接指斥天理,这也是夫子的风格。否则时间长了,深陷其中不知返,未免物化人。毕竟出自或者入到个人的天理,并非天理本来,不过比方之物,比方之物也是一物。另,理学家好求全,最糟糕。子曰:譬如平地,只积一篑,进,吾往矣(用汉注)。必成泰岱然后为山,则无山河之固矣。

当然,每家都有语言习惯。理学家大概除了易经是不谈利的,谈利便是忘义。我们则是除了王礼不谈天的,谈天便是僭越。天理尽在先王制礼之中,多余的谈论都是不恭。

心学·理学·礼学·春秋学

行一事,发一念,若心(良知)如是,理(天理)如是,礼如是,时(时势)如是,尚矣。而固有所不能也。心当为妻三年,报也;理当为师斩衰,严也,然而心合如是,理合如是,时人亦或与之,而礼有所不能也。心则哭无时也,理则面深墨也,礼则期不使也,然时有金戈,则王事不避也。有天理所是,而于心不忍者,若夫危邦不入,乱邦不居,天理也;然而生灵涂炭,天子蒙尘,虽山野匹夫,往日寇盗,亦为死之,人心所在也。有人心如是,而天理必不然者,若父母之亲,师道之尊,今人亦能会心,而天理不以家事辞国事,不以师道先王道,载在春秋,见于丧服,然则诸生睹之乎?

《中庸》曰:"性之德也,合外内之道也,故时措之宜也。"性有仁义礼智信,人非圣贤,各取一偏也。定亲疏,决嫌疑,别外内,不谙经术,固有不能也。况道之贵者时,其行势也,而可与立,未可与权也。然则学者之事,亦唯致曲而已。

故有天威不违颜咫尺者,可奉天理也。有人之视己如见肺肝然者,可致良知也。有素履之往独行愿者,可以守礼也。有托诸空言不若见诸行事者,可证《春秋》也。亦人能弘道耳,非道弘人。不见天威者,虽学天理,不能行之。不见肺肝者,虽曰良知,适以自欺。不能独行者,或以古礼疏阔而不论,或以《礼经》艰深束高阁,皆不行也。不能行事者,虽学《春秋》,不足褒贬,何足惧贼?故不自惭形秽者,言良知则险;不周游天下者,言天理则浮;不素位而行者,言礼乐则乱;不审明时事者,言《春秋》则乏。学固助人补阙,人无以固必坏学。

今文学以《春秋》为首，规模虽大，弊在工夫不足，可以独尊儒术，不能理财正辞（今文经学除春秋决狱外，于汉实少建树）。古文学以礼学为宗，博学有余，而时势不察，可以属辞比事，罪在失其大本（古文经学二失本：新莽篡汉，失国本也；开导玄学，失道本也）。理学重工夫，惜末学心实捍格而口含天宪。心学重知行，恨末学实不能行而示人简易。理学心学，实启人欲，册后立嗣之事，汉朝无法，是今文家不足；宋明承乱，是礼有定论，而理犹可反复也。

汉宋学说[①]

汉宋虽别,王心则一。所难言者,汉学不论"图书",宋学不谈《周礼》,则汉宋沦空言矣。

以经解经,宋学也。独尊师法,汉学也。盖汉学尚授受,然非学海、经神之师,不能遍览群经。若康成注礼时且未见《毛诗》,况俗师乎?且汉家去古未远,多称口授。故汉学治经,先问家法如何,不以他经解之也。所以他经、故训解之者,不得已,亦不为典要处为然。汉学所谓师承者,谶纬之论先王授受,论兴替征兆,论四太、神祇者,是宇宙之概观也,此皆经文所无,而汉儒纵有非之,无不受其大意。汉学师承,实多背经任意,一如明儒之惜宋学也,宾四先生论之详。若夫邵公以母以子贵,而古公羊以上堂称妾。伏生《尚书大传》以周公践阼,而邵公以摄则不王。其讥背经任意者且如此,况若康成之笺《小序》者乎?然而康成以古文名世,未尝不以周公践阼,未尝不以是子为汉王,未尝不信端门受命。盖汉儒所分殊者,训诂、师说云者,而不可易者,师门之宇宙概观也。然则汉儒之训诂,后世颇道之,而汉儒之谶纬,后世未尝以纬经,是以宋儒不见大义,清人不成报章。唐儒疑传,宋儒斥纬,则不能不以时论补汉学宇宙之阙,是以性理之学兴焉。去古既远,口说不信,故须以经解经也。若诗书但曰天曰帝,故宋儒不谓天有六名;若夫春秋禘祫说乱,则宋儒约为等次。又治《易》,则汉儒偏信象数,宋明但言理,则必以礼、

[①] 感朱子学者马先生培路之意,思所以教授于春耕园,作此篇于南行前。

以史诂之，然后义理有可道。

汉学师法，本于一家经说，故虽遍注群经，皆有所本，若邵公本《公羊传》、康成本《周礼》。此一经一说既立，以整百家之不齐。故凡不合周礼者，康成径谓之夏殷。有若武库之于《左传》，凡经传不合，一概谓之赴告。此家法先于解经然也。夫如此者，汉时经学用诸庙堂，非守训诂，涵养山林而已。故解经不求无过，但求一家一经之说，足以应对时宜耳。此周时士大夫之性情犹在，亦汉虽郡县，亦存封建之纲常然也。唐宋之后，士夫转为文人，天下纯然郡县，则经学难于行政，君子有不能为乎？故以汉儒观之，《公羊传》非常异议可怪之论，《周礼》恤沟、市政、名号，莫不可渐渐行于斯世也。而以宋明儒观之，则无关睢麟趾之德，后人岂敢？故汉儒言经，其所动心者，经纬是也，制度是也，笔法是也，名物是也。以宋明言经，则百世可知者，唯天道人情而已矣！故汉儒说经，以一经一家为大本，然后包举群经，以为一代之制可也（规模有不同，今文重大义，古文偏制度）。而宋明固不信一家之说，亦曰六经皆通而求其道，欲为万世开太平也。故宋明之立大本，谓明理复性也。

汉儒多形而中，盖介乎上下，象事知器者也。虽先师法于经文，然则师法者，形而上也；经文者，形而下也。汉学介乎中，见于器，故经学本非所守，而守之莫严焉。宋明好道。道者本为经学而发，以求乎圣贤之心，其贤者，既得道焉，以挹其器。而不肖者，未足其器，先跻其上。故汉学之末流，尚能传经。理学之末学，不足言经。

窃谓理学至于狂禅，然后知返乎经训。汉学穷于解诂，然后归于玄意。此学术之大概也。此言马先生与我之际遇也。或圣学之概，更有大者，然非当下之我所能知也。

学　则

　　心学善治庶人，理学善治士，古文善治卿大夫，今文善治王侯。此自《孝经》言也。

　　致良知，进矣，未曰复性，复性待性理而然。穷理，仁矣，未曰中庸，中庸待先王之礼。守礼，立矣，未曰与权，与权待奉元正始。然则欲奉元，不可以不学礼；欲学礼，不可以不尽性；欲尽性，不可以不用心。王侯卿大夫士庶人，分殊而理一，唯扣其两端，允执厥中而已矣。

　　意志不足者，曰小人。思而未得者，曰士。性和强立者，卿大夫之质也。化民成俗者，诸侯之质也。天下归往者，天子所在也。

　　教小人当鼓舞之，教士当发其端。教卿大夫者，先王之礼。天子诸侯之始受命者，执礼勤事而弘者也；其继体之君，亦如士、卿大夫，而提其要。

　　鼓舞者，心学。复性者，理学。守礼者，古文学。纲纪者，今文学。守其位，敬诸学，贤也。身家国天下，一以贯之者，可以为师矣。身者，士庶人也。家者，卿大夫也。国者，诸侯也。天下，天子也。

　　心学之狂，不学者，犹小人也。理学之固，不中者，上不足为卿大夫，下不能服庶人。古文之坏，上无王道，下不足士庶心。今文之弊，好言制作，而无卿大夫士之学，其谁信诸？

　　愿诸君视其学子而教之。此言为生择师。师之教人，自以其家法而已。且予曰不学、不中、坏者、弊者，盖四学者为圣学，皆有一贯之道，而于发蒙有所短长耳。从我学者，自是郑学；但问学于我，而不能当其才者，可指其师耳。

虽然，文学与大夫争，自汉已然。先秦诸子，盖周文之一偏；后世儒学，则士人之一偏耳。且一国礼乐之下，学术皆然。晚明亦有朱子学、实学、古学（以经注疏为本，清曰汉学）、博雅学、西学（心同理同，非若后世中体西用云者，盖其时王极未泯，明儒亦胸怀洞明），晚明之讲会、乡约、庙学，亦皆本诸宋学，然则上德使气结党，下学自然。

虽然，阳明本于朱子，能以良知质六经；朱子本郑学，而以通解深衣授；郑学本公羊，亦称三代用"图书"。今文家能议礼于白虎观，康成能论四太于《易纬》，朱子能损益于《家礼》，褒贬于《通鉴纲目》，阳明能讲古本《大学》，平蛮擒逆。则四学者，圣贤自有通处。而末学莫不以否塞乱学以相攻。

先贤则一人当之，我等末学，则随性致曲，而相师焉，不亦先其易者，后其节目乎？

我自《左传》入学，多留意《周礼》，故好卿大夫之学。若强言诸侯之事，则人称迂腐难解矣；若强言性理所修，又不免误人子弟矣。虽然，心亦好之，时时学之耳。

《五经正义》以降总评

"公穀"既衰，唐人读经，与《左传》无别，故陆啖之学，良有以也。

盖王子雍废《周礼》，而唐初废《仪礼》，唯《礼记》独行。《周礼》既废，则虽有郑注，夏殷之断，谶纬之言，不孚必矣。则《礼记》虽尊，其实无可尊，以其记耳，本来拼凑，不足典要。然则嗣后之治礼，体而不履必矣。

《尚书》用孔传，可也。然则《尚书大传》不行，则《尚书》犹断简。《尚书》不明授受，则何以为《尚书》？《书经》退而为训诂辨伪之学，宋学必矣。

《诗经》兼郑笺，得矣。此经正义最勤，于唐最盛。然则郑笺本非郑学典要，《周礼》既废，则诗义得乎？且并举毛郑，杂推王（子雍）韩（诗），学者自有上下其手，而宋学出矣（唐之未出，其学衰耳）。

《易经》用王韩，予以为唐疏犹有救弊。然则本之不纯，救亦何用？宋儒之攻疏甚矣，然而如用汉易，宋儒之攻，殆将甚焉，非唐儒之罪也。

汉学之要，"三传""三礼"，《公羊传》为经文，《周礼》定古文，以成一代之盛。至唐皆衰，而汉学能无亡乎？

《周礼》之不孚，《礼记》之不备，故万历永历学者，必以攻郑。后则翩然反之，援《仪礼》以尊郑，以斥明儒无学。虽曰汉学，未出王子雍觳中。虽曰反宋，实在朱紫阳宇内。

· 130 ·

宋儒因其义理，以不知谶纬之义。清人反宋之义理，亦不知谶纬义。则清之公羊，反宋则然，述汉则否，犹在晋武之禁耳。又若刘申受谓僖公乃僭天子礼乐，及《公羊传》特重太平世诸说，实有宋学之原，学者须用心焉。

经注本曰郑学，小学古推《尔雅》。自《说文》独盛，则毛郑不必定论，孔传自然重伪。盖王子雍名反郑学而不能过，清人名称郑学而以许叔重祧之。虽然，五经无双独存训诂，亦堪哀也。然则清人不用尔雅而好《说文》者何？其诸许示六书，而义止一义，则取舍自由乎？《尔雅》实属辞比事，不容纵恣也。

辨伪考据，清学一本宋学，宋学则源于唐疏，唐疏源于魏晋南北朝义疏，而皆非汉学矣。

若夫义理之变，则魏晋南北朝流于玄学，宋儒流于道学，清初盖永历之学，犹在明学之中，博而无别。清末则流于公羊。玄学杂老庄浮屠，道学杂佛老，公羊杂佛学西学，皆非精纯。

本　孝

夫子志在《春秋》，行在《孝经》，人尽知之，然则何谓也？《春秋》见诸行事，岂志而已？《孝经》以明谚言之："百善孝为先，原心不原迹，原迹天下无孝子。"况立身行道以显父母，则孝子之志也，非唯犬马亦能之行也。

然则夫子所以行在《孝经》者，以孝者，至德要道也。夫子因夏之质，救周之文，公羊言之矣。然则是非褒贬，所谓市朝之挞，华衮之美者，不曰文乎？

然则所以行在《孝经》者，《春秋》者，制度文为也。子曰："夫孝，德之本也，教之所由生也"，"用之，以顺天下，民用和睦。"德者，得也。得之本者，人所固有也。教者，修道也。道者，所由也，率性也。人所必由，故曰顺天下；人所固有，故曰民用，不曰使民也。是以其教不肃而成，其政不严而治也。

然则宪章文武，为汉制法者，志在制度，行在要道。今儒林明夷，制度则无忘志之，要道则尚能推之乎？然则《孝经》者，非犬马之谓也，立至德要道，德之所本，教所由生也。

然则孝何以为至德要道？以其率人性而通仁也。人孰不可自然？以不知所以自然也。《中庸》曰："思修身，不可以不事亲；思事亲，不可以不知人；思知人，不可以不知天。"盖自由其然，则无以知所以然。人必观乎人，然后自知也。所观乎人者，莫近于父母，莫善于父母。故人因父母而成人，然后推而亲姻，推而朋友，推而乡党，推而市朝，推而道途。故人之成性，莫近于孝；人之推仁，莫本于孝。

· 132 ·

况三年掬我怀我乎？因孝而自知，父道在焉。因孝而知人，爱敬先诸？

然则民心者，舍至德要道，民用和睦者，岂有他哉？故古者皆称以孝治天下，良有以也！

国之谓孝者，敬我先祖是也。凡人知亲父母，君子知尊先祖，为国者，以民心为治，则知尊天下人之父母，又尊所以使天下人知尊父母，为天下人而显其父母者，是以凡先祖、先贤、先烈，皆尊之也。此以天下之大孝，以称凡人之德本也。

为国立乎此，然后《春秋》可言，虽不欲求，而民心自得之矣。

有疑者，答曰：《孝经》是说德本，本于孝然后乃可推仁。且以孝治天下者，谓敬天法祖也。尧舜禅让，亦有文祖、艺祖。《尧典》，天下为公时也，必曰九族既睦，平章百姓。然则孝不本于传家，本于爱有差等，仁通有渐也。况秦汉以降，不过天子传家，自兹以下，至今家传。若以孝为仁通言，则天子虽传家，不失其大公。若以孝为传家言，则至今屁民皆自传家，岂有无家之人哉？

且汉以孝治天下（高祖事亲，赐鸠杖，文景皆以孝谥），是以虽阴用霸术，曾称黄老，而时贤以先王、素王称之，亦不由不尊也。以言孝莫若夫子，广孝必至于尧舜也（以传家言之，刘为尧后），故儒术之兴，盖顺势耳。今欲中国返本复性，而舍至德要道，仁之所由生，岂真性乎？

孝者，人性也，非制度。故孝待制度而行，然则通三统，改制度，亦不得舍人性而作也。

以孝言人性，以人性主于顺成，非悖逆也；本于爱敬，非情欲也；成于人耦，非自证也。以孝治国，则政治本于先祖之道，而万民固有，非造作也；治国本于爱民敬贤，非取利也。社会成于人之交往，非自以为是也。以此论国，以此牧民，民乐于此，国富于彼，乃可谓民不求所欲而自得之，以文理一，而上下顺也。

故我重孝者，非谓孝能自行无疆也，非谓孝能治平天下也。政者，正也，盖在决嫌疑，明是非，则制度也，礼也。古者未有以孝为法，但能以礼节孝而已。然则古人不必深求于孝者，盖人性未尝不明耳。

孝者，以《孝经》言之，亦天下事耳，但发身最近。见古人立论，事事皆有通达，皆能一贯。

盖诸家论事，好执两端，一端甚切人情，一端极推天道。至于期间悬隔，则超然化外，委于世俗。世俗代为受过，而彼因以称高。

中国者，古昔圣人与天子为一，故人情可依，天道可明，而要在一以贯之。百姓不能一贯，则为民择中焉，以为礼经。

又以君子言之，徒知《孝经》（或曰仁义、德本、大本、道德），而不知春秋大义，不能承先王（素王）之制以损益之，是硁硁哉不知止，则小人儒耳。予观末学，不曰汲汲乎章句、性命之谈，而不知止乎？此能行而寡志，不得岑蔚处也。思孔颜乐处，若止于尧舜之亦乐乎此，可谓立志矣。若泥乎曲肱而卧，则犹小人也。

《孝经》郑学疏的补充

君子思不出其位。我们的身份是什么？庶人。作为庶人，为什么以仁义为业呢？行为，是需要找到经学根据的。那就是《周礼》。《周礼》是孔门的公共课，所谓立于礼。因为《周礼》有地官的师儒，有三年大比。也就是说，士大夫将从庶人中产生。所以，庶人行仁义，是《周礼》所认可的。

庶人可以成为士，士也可以成为大夫。那么，如果说庶人之好学者以士为志，则士之好学者是否得以大夫为志呢？可以，因为任官然后爵之，五十爵为大夫。士可以成为大夫，朝廷需要士成为大夫。那么士理当在本分的基础上，有大夫之志的。

庶人是否可以大夫为志？注意，我们不能假定关系具有传递性。这里的回答是特殊情况下可以，譬如宁戚为齐大夫，百里奚为秦大夫，乃至太公之为师，是起于庶人甚至仆隶的。也就是说，按照《周礼》，贤人可以破格提升。因此，庶人以大夫为志，也不能斥为僭越。当然，按照次第，我们建议有仁义，然后恪守法服法语德行，这是次第，此其一。其二，《周礼》既然选贤举能，那么奉公者便有义务以大夫为志，亦即是说，士不可止于士，是理当有大夫之志的。如此方对得起公门。

可以诸侯为志吗？《孝经》的言说方式是不同的，这本身就说明天子诸侯的特殊性。以诸侯或天子为志，与士大夫之志，是完全不同的概念，是君臣之别。《周礼》，有功者可以命为诸侯，文献至少指出士之子为诸侯是可以的。但由于诸侯之士大夫于天子为陪臣，所以这个想法务必节制。

可以天子为志吗？按照五德终始，庶人可以受天明命，所以并非不可以，但这都是伴随天下大乱的。

"严父莫大于配天"，"则周公其人也"。周公称公，十分切要。此章曰圣治，盖言圣人之孝，圣人之行莫大于孝者，以孝之大也。但所谓严父配天，并非身为天子为然。若周公摄政，还在三公，亦可谓严父配天，此句绝无僭越之嫌。且若疑僭越，则尚有一问：庶子岂有主祭之理？况配天乎？然则周公亦不得主之，而经曰其人。则此严父配天，一如纬书言"图书"，非但天子、宗子之谓。若有德有功，以左右天子、宗子，亦可为严父，亦可谓祭之也！故本章答圣人之德，非重言天子之事。此细节处须多用心。

《孝经》郑注作者内证

一、辑本注：戾，讲堂也。敦煌注曰：孔子欲见谏诤之端，以开曾子心，故发此言也。康成先注《七纬》，终始笃信，纵不谓《六艺论》之明文，得背《钩命诀》之法言乎？如以夫子自作，则曰托曾子以撰辅可也，何出启沃其心之言？且纬书与汉学相煽，纬曰自作，必时儒多谓自作也。则今注当与班孟坚近时，不在汉末可知。

二、辑本注：盖者，谦辞。敦煌注：上皆言盖者，孔子之谦。庶人至贱，无所复谦，故发此言。康成鲜有语辞之说，若行夫之夷使，盖从郑司农来。若毋追、香萁、何居、畴昔、抑尔，则不得不然耳。盖凡虚词者，郑多以实意通之。此亦以实注之，而谓之辞，不似先师笔法。

三、注曰：社，谓后土也。句龙为后土。此古左氏说。皮氏以郑氏用今文注《孝经》，然而今《孝经》说："封五土以为社。"郑学亦皆从之。然则此注用古左氏者，以郑司农业《左传》故也。

四、注曰：天子服日、月、星辰。又：田猎战伐，采药卜筮，冠皮弁。康成以周之日月星在太常，不得曰服。又戎服用韦弁。田猎用皮弁则未闻，盖出襄十四年卫献公不释皮冠事。亦《左传》说。

五、注曰：古者诸侯岁遣大夫，聘问天子无恙（疏本作安否）。岁问者，小聘也，郑学以为大行人之时聘，无常期。然郑《王制》注不驳比年一小聘，或以岁问率之可也。然则《周礼》自有间问以辅诸侯，康成既学于马季长，焉不可以经注之？

六、注曰：古者诸侯五年一朝天子。五年一朝，《公羊传》《王制》说，及《左传》文襄之政也，《周礼》以其服数。

七、注曰：古者诸侯五年一朝天子，天子使太子郊迎，勞禾百车，以客礼待之。世子郊迎者，《太平御览》引《白虎通》："朝礼奈何？诸侯将至京师，使人通会于天子。天子遣大夫迎之百里之郊，遣世子迎五十里之郊矣。"《尚书大传》曰："天子太子年十八，曰孟侯。孟侯者，于四方诸侯来朝迎于郊者，问其所不知也，问人民之所好恶，土地所生，美珍怪异，山川之所有无，及父在时，皆知之。"郑玄曰："孟，迎也。十八向入太学，为成人，博问庶事。"《玉海》曰："孟侯者，四方诸侯来朝，迎于郊，或可远郊，劳使，世子为之。是以孝经注亦云：世子郊迎。郊迎即郊劳也，虽据夏法，周亦然。"出《金縢》传，今《觐礼》无之，唯《白虎通》《孝经》注以为通礼。然《左传》里克论大子曰："君行则守，有守则从。从曰抚军，守曰监国，古之制也。夫帅师专行谋，誓军旅，君与国政之所图也，非大子之事也。"若是，则《左传》亦主世子有宾客之事乎？唯先师曰"周亦然"，曰"或可远郊劳使，世子为之"，似在两可之间，其诸周公尊成王之义乎？盖世子而郊，不嫌贰君乎？又此但曰客礼，亦今文说。若《觐礼》，诸侯乘墨车，衣玄冕，右袒于门，非客之也。

八、注曰：公与侯各百里，伯七十里，子与男各五十里者，法雷也。大司徒注，郑司农云："土其地，但为正四方耳。其食者半，公所食租税，得其半耳，其半皆附庸小国也，属天子。参之一者亦然。故《鲁颂》曰：'锡之山川土田附庸，奄有龟蒙，遂荒大东，至于海邦。'《论语》曰：'季氏将伐颛臾。孔子曰：先王以为东蒙，主且在邦域之中，是社稷之臣。'此非七十里所能容。然则方五百里、四百里，合于鲁颂、论语之言。诸男食者四之一，适方五十里，独此与今五经家说合耳。"则郑司农主调和今古，得用今文说也。

九、注曰：古者天子五年一巡狩，劳来诸侯。诸侯五年一朝天子，贡国所有，各以其职来助祭宗庙。故得万国之欢心，以事其先王。郑学以服数来朝，天子十二年一巡守，万国、五年者，《王制》注以为虞夏之制也。然则经数公侯伯子男，以《王制》注、《白虎通》之说，夏殷三等，则知《孝经》主周制也。敦煌义疏以禹解明王，可通于万国，而不能通于五等，亦无奈矣。

十、注曰：上帝者，天之别名。今注不用五帝说，与康成异，而与郑司农、王辅嗣仿佛。如大宗伯注，郑司农云："昊天，天也。上帝，玄天也。"又："五祀，五色之帝，于王者宫中曰五祀。"见司农无五方上帝之义，与康成别。

十一、注曰：口言诗书。非先王之法言，不合诗书，则不敢道也。《檀弓》注："道，犹礼也。"然则小宰注："法，谓其礼法也。"又："法，守法不失也。"大宰注："典，常也，经也，法也。王谓之礼经，常所秉以治天下也。邦国、官府谓之礼法，常所守以为法式也。"康成以礼训法，未闻以诗书释之。且《礼记·曲礼》曰："越国而问焉，必告之以其制。"注："制，法度。"是法度如曰周礼尽在鲁，先君周公制礼曰云者，亦所言也。若"大史，掌建邦之六典，戒及宿之日，与群执事读礼书，而协事"。小史，"大祭祀，读礼法"。礼法以可言者也。

十二、注曰：分别五土，视其高下。若高田宜黍稷，下田宜稻麦，丘陵坂险宜种桑枣。此分地之利。五土，宜以大司徒五地：山林、川泽、丘陵、坟衍、原隰。盖郑注社稷，亦主此为五土。又敦煌义疏亦以五土解之，是疏家以此为康成注，而不足于郑学师法，不得不然耳。

十三、父子之道，天性。注曰：性，常也。又：君臣非骨肉之亲，但义合耳。治要作：君臣非有天性，但义合耳。"性者，生也"，如《乐记》《论语》注。先师未尝以常训之。

十四、注曰：引类得象。先师随文解象，未有如此语者。

十五、敦煌有郑注义疏本,梁齐人作,确以《周礼》、郑学疏之,而郑曰并题,是疏家确以为康成所注,而以郑学弥缝之也。今人重泽俊郎,谓徐彦为北朝人,见有郑称及康成二注本,而康成本散见于北,南朝唯郑偁本而已。以敦煌义疏本证之,则南朝郑学家颇传郑注,若北朝果有康成真注,岂有不识?且恐郑称北人,故后世不知耳。又皮鹿门以康成用今文说《孝经》,故与其余著作不同。今李云光先生考之,《郑志》答炅模云:"为记注时就卢君,先师亦然。后乃得毛公传,记古书义。又且然记注已行,不复改之。"而郑氏本传曰:"因涿郡卢植,师事扶风马融。"然以《礼记》注观之,尊《周礼》以兼夏殷,郑学之规模已定。岂有复弃《周礼》《孝经纬》,而仿佛今文说者?

十六、《通典》载许敬宗议祠令新礼并用郑氏六天之说:"谨案:郑玄此义唯据纬书,所说六天皆谓星象,而昊天上帝不属穹苍。故注《月令》及《周官》,皆谓圜丘所祭昊天上帝为北辰星曜魄宝。又说《孝经》'郊祀后稷以配天'及'明堂严父配天',皆为太微五帝。考其所说,舛谬特深云云。是以王肃群儒,咸驳此议。"今抄本无太微五帝。辑本则解说无舛,且焉知不说《尚书大传》注?

十七、《尚书大传》郑注曰:"是以孝经注亦云:世子郊迎。"然则康成之先,已有孝经注若此章者也,则郑司农是也。

学经次第

一、定义

经者，先王之法服、法言、德行也。

语出《孝经》孔子论卿大夫之孝。孟子亦曰："子服尧之服，诵尧之言，行尧之行，是尧而已矣。"荀子记孔子对哀公取士，亦曰："生今之世，志古之道，居今之俗，服古之服。"则法服、德行是也。其法言，则《礼记·曲礼》既曰："必则古昔，称先王。"则此三者系诸先王，以为要道，今古汉宋，固无可议也。予不以训诂言经者，嫌于空言也。且三者立论，适见汉宋之一贯，而正变之有别。法服，则汉儒着玄端（及冕服），宋明作深衣，皆在躬焉。法言，则汉儒引《诗经》为谏书，宋明订经义论曲直，能专对矣。德行，则汉儒以元年正天子，宋明以道统格一人，会有极也。

且法服者，庶人异服有讥，诸侯革者为畔，王者受命改色，不知其名为罔，虽文章之美，非言语所及，岂曰不经？而法言者，古文述周公制礼，今文称素王微言；或口授有本，而着文则迟；或晚周旧藏，假训诂而明。必以今文古文，谁作谁传为定，则孟子既曰尽信书不如无书，四家诗论既非孔子旧简，然则汉学皆可废乎？故予曰：凡先王所作，素王口授，而有师法相承者，皆法言也。宋明解经虽有间，然大明天子与圣人同心，亦近世之法言也。若夫德行，汉儒近则履其行，宋明远则慕其德，亦时变之义也，但能合外内则可也。

学经有二,一为循吏,二为经师。循吏者,通一家大义,以能明辨是非,然后致力专业,为国尽忠可也。经师者,以抱道传经为业,通本家大义,尽本家精微,然后于百家学说,尽力学之思之,先知其异,又见其通,各正其位,建极而无党,立本而无偏。

二、预科

学经当立师法,择师法之道有三,互有利弊。

泛读群经,有会心者而从之。弊在泛读者未必知经,亦未必自知,且自知难于知经。虽会心,或有错意。欲知经,则读《十三经注疏》或《四书五经大全》之大字可也。自知则难。

闻师而从之。弊在陆沉以来,鲜有明师,多不尊圣人师法。师学虽高,未必能以扎实工夫训蒙。

闻概论而从之。弊在师法大要不过出一人之言,未必真有体会。若师法未必立,而先存门户之见,则小人不若矣。

然则初学者舍此三者亦无由焉。为免其弊,必下泛读群经功夫,必读《十三经注疏》《四书五经大全》之相关、会心者,如此日久,则偏心自然消磨。

(一) 师法

学经即学师法(本篇不区分师法、家法)将为循吏者主一家大义,将为经师者尽百家精微,皆自一家起。

舍师法而言经,必陷于自以为是,而终身不圣人之道矣。昔者陷于心性、小学,至于是非不能断,国危不能救者多矣,学经如彼,可为羞矣!

先学先师如何注经,经文熟悉,然后方可言及师门大义。盖功夫从朴素处做起,乃是养心之术。当屡思先师何以用力于经书至此,然后先师之论说可明。窃唯图便宜者,多从语类入手,经文不及,已好说理,然而一孔之见既成,则终生不见师心之妙矣!

经注熟知，大义明辨，又能引经断事，见诸日用，然后方可致力章句。盖所谓法服、法言、德行者，皆见诸日用而后然也。今虽有不能日用者，亦必有所判断，有所隐忍。盖大义既明，能不恓惶耳？其否者，或自欺，或不仁，非复忠信之心矣。

章句者，予谓笔法、名物、制度、训诂、思辨云者也。诸经诸家，侧重不同，然皆精微曲折，没身而已矣。昔者凡称经学，莫不以此自多，莫不以此争胜。须知若此而足，先师何必注经？盖作释例、礼书、字书、大全足矣。然则夫子何以舍礼典而作《春秋》？盖物有时变，事有损益，必见诸行事而后可。故先师不言者，以章句之学思之可也；先师所用力，自当求其所以整齐之也。

章句之学当以本家先师为主，不及然后求诸他家。若训诂，康成不言者，以康成余篇之训证之，不及，然后求诸尔雅、说文。若笔法，自当解以本家，不能解，然后参诸近者，又不解，然后推以远者（今文与今文为近，与古文为远），又不解，参以三礼。

有以小学解经者，似较家法为直。虽然，家法之曲，因有大义，不得已也。小学或取一时之利，大处则不能协也。故解之可也，亦须深思师说所委曲处，以两存之。

又有为家法作条例者。虽然，汉儒非严苛至此。以例读经可也，以例绳师则悖（此处纵有不例，亦了无义理可讲，不足观也）。

（二）师法概论

董子及异议引公羊说有依违者，且依何注。清人或以董子攻何注，于两家皆偏颇，学者当心。

郑学以《周礼》为本，以公羊为志，以纬书为用，整齐《仪礼》《礼记》，爰及易诗书。

《左传》杜氏注晚出，而能自作家法。以其显明切用，足为古文典要。清人辑服注以乱之，然《左传》师法，原本训诂，义理多借《公羊传》，与其纠葛，何若一本五十凡？

穀梁学范武子注无家法，然非后世所及。

理学（四书学）当以朱子学经注，犹以四书注为主。然则古注亦不能全然不顾。不读古注疏，则不知朱子学渊源所自。

心学（四书学）解经不多，然亦不得舍经而求之。一则必读朱子学经解，再则晚明经解多见心学，可参之。

大约《公羊传》尚志，《穀梁传》平正，《左传》论史，郑学多事，理学多思，心学见行。

（三）附论

不先《易经》《诗经》《尚书》论。今人学经，或以上古而先《易经》，或以尧舜而先《尚书》，或以子曰而先《诗经》，此不顾心安，不求甚解也。

《尚书》称先王，见休美者也。然而天子之事，固非士庶所急，亦非士庶所解。且文白处，则《论语》亦言之；文晦处，诚非不通训诂之人所堪，何风彩得见？且偏道德者，难语孚戮复辟；不学礼者，不解赤刀天球，虽囫囵读之，竟有何益？何若以四书养性，以"三礼"明理，然后见之？

人称《诗经》美，然则以古解之？以今解之？今以男女思慕解之，最坏人性，不足道也。而古者诵《诗经》，在夫子则曰授政、专对，在《毛序》则曰风化、谲谏，今能然乎？纵用之朋友切磋，彼不知《诗经》，虽诵之不解；彼若知《诗经》，明知为刺，则岂温柔敦厚之教？故春秋赋《诗经》，亦取断章而已。至于鸟兽草木，至今多晦，不若自学博物；兴观群怨，何必周召，唐诗宋词何妨？子曰："不学诗，无以言。"今若学言，不若善为《尚书》信，婉转谅人。

《易经》本筮《尚书》，夫子《十翼》，然后为经。然而《易经》在取象，说者云多。且王辅嗣后，鲜有格物。不格物而说理，是何心性？何若格物而穷理，明心以立功？

故予曰：格物穷理而后《易经》，学礼知训而后《诗经》《尚书》，庶几事半而功倍。若夫蹦等，则虽曰尊经，其实不过以《诗经》作歌，以《尚书》作史，以《易经》作玄，何经《尚书》之有？又何心性可为？

治经有三型，曰：师承型，义理型，考据型。一人皆兼而有之，但又轻重不同。师承若今曰信仰，先师法而后心得。义理若今曰哲学，先思辨而后师承，如有会心，师说可弃。考据若今曰学术，自称求真务实，而师法不足道，经文不足守。何邵公，祖述师承者也。杜武库，自立师法者也。郑康成，为义理而考据。许叔重，由考据而义理。理学不敢以义理废师承。心学每以义理胜师承。虽然，弃师承则非经，弃义理则徇人，弃考据则失据。窃谓师承在，余者尚可言；师承毁，已不足道矣。

先师有不言之教。学于夫子者，非为文着也。门生学夫子至于尚右，虽曰失礼，亦曰仰慕达于四体，其心可慕。康成整百家之不齐，见诸文字；探先圣玄意，则在章句之外；至于黄巾趋避，当深思先师所以能然也。不至于黄巾趋避，不足称郑学也。晚明之学亦然，阳明子不尚文字，岂一《传习录》可学？当深思所以悟道，所以破贼，所以立说，然后为阳明门生。苟无王心斋、颜山农之进取，而拾其余唾，把玩自饰，则可鄙而不仁者矣。朱子以颇及格物之蔽，末学苟不见朱子之用力处，动心处，虽日诵或问，又何益也？

业理学心学者当先主敬。主敬然后为己，为己然后复性。今有业理学而轻阳明，业心学而薄朱子者，最是伐性。圣贤且不敬，能敬人乎？若夫汉学、心学不言天理，非无体认也，以其师法不敢言之耳。学者当以人治人。其心夸饰不见师法者，不肖之学，不足以累圣人。其措置有局，是以守愚者，正是精要处，学之犹恐不及，况论人乎？夫为己之学，以为禀赋虽有深浅，大本不殊，故各原气质而致曲，功夫到时，自然一贯。必欲舍人气秉，就我独门，而我果信天理不贰者乎？且人有彦圣，必以门户绝之，曾谓天道有隐无显，亦必鸠于一涂乎？窃谓门阀相争者，细言之，理论极多；大言之，皆不主敬而已。

公羊亦当述而后作。汉儒以夫子为汉制法，非谓夫子改制。则业公羊者,当思夫子何以通三统,张三世,以明宪章。一味制作言者,自悖家法矣。然则谏公羊者,亦当以三正、三礼针之,若徒曰"非天子,不议礼,不制度,不考文",则非但误读《中庸》,亦夫子、孟子所不受也。汉学重制度,宋学重心传。然则劝汉学者,自当不出汉学言之。一如为宋学者,自当不出宋学言之。以人治人,守其家法也。若夫汉宋璧合者,亦当汉学亦知有宋,宋学亦能言汉,然后一贯,盖唯忠恕能之。

理学心学重在"四书"。二家有小异,无大别,皆当以朱子"四书"注为本。论者有以经书祧"四书"者,非理学之道也。盖唐以降之解经,以经解经耳,非有师承口授执其间,则五经虽广,其实不殊"四书"。

《论语》《孟子》于宋学,犹"三礼"、《春秋》于汉学。论语多正,孟子多奇,犹"三礼"皆经,而《春秋》记变。然则学者先怪孟子之奇,又通经达变,至于无间,然后"四书"义可得,而理一分殊不虚。窃惟理学之好孟子,意在乎此。我主经学,犹知"四书"有自足之道也。

理学心学亦当学《春秋胡传》及朱子《小学》《家礼》。《小学》《家礼》,自不待言。不读《春秋》,则义虽自足,文必不及也。虽学宋明,非有一心一理自足,必置于周行,然后知有天下。若能读《周礼》更善,亦无妨注本,多见事制曲防,用心自然从容。宋明学固当以博学名世,不博于天下,犹偏狭也。

宋明学不应废注疏。此何元朗、杨升庵言之矣。既称穷理,应知学原;性理虽分殊,经文固不变也。且于俗学支离,禅学狂妄,两相扞格之际,唯汉魏古学,可以叩其两端。然则晚明古学之兴以此,而以宋明反观汉唐,古学所未竟也,其俟之乎?

学　理[①]

学理何在？今文以家法，直承素王也。古文以礼制，先王典册也。以今文言之，夫子删定，即理之所在，余无足论，论亦不雅。古文则史，虽夫子，论之矣，其失已博。则为学日益，能消者息，玄学其消也，理学其息也。然则今文尚师法，古文尚训诂者，盖以为直承先王素王，其合外内，不待辩也。自古文破其法而失之烦，玄学恶其博而移其例，则先王素王遂祧矣。则非圣非王，理据何在？故先有朱子博学反约，后有陆子问其本体，亦不得不然也。盖圣王既祧，或失则外，或失则内，中庸不可能也。

朱子曰："物理既穷"，"吾知自致。"象山谓："本体不立，徒功外索。"盖三代无外内，夫子而后有仁通。汉学亦不论外内，而朱陆有所不安矣。窃谓：心非内也，人人自具而异者也；理非外也，人人所循而同者也。好理者，其实尚同也。明心者，在乎自具也。人各有体，所履则同，物以类聚，情亦不齐，是以先王有礼乐焉。人必感物，故干戚羽旄以感，礼乐不可谓外也。公家之利，则知无不为曰忠，义理不可谓内也。唯礼崩乐坏，忠信为薄，朝廷无制作之美，百姓失进退之局，是以外内分而上下手也。苟无礼乐，苟礼乐不足以动众，则内外犹畔，而本体无从矣。然则宋明之弊，在无先王素王之极而先儒之传，必人人自道，而莫可道人也。况今日海宇既开，自道而必欲道人者又多之矣！必穷诸理，或求于心，适不足协好恶也。

[①] 学于谈凤而知陆王有别，故作此文记之。

朱子道问学，陆子尊德性，朱子则博学矣，陆子则明辨矣。而心学至阳明乃显者，以象山言理言道，质之者耳，非作之者，心学犹未得也。至皇明建极，然后士子莫不以此心可道，知无不为，乃有阳明挈良知之旨，而本体灼然矣。此非阳明善辩，时使之然也。然则立本体者失之狂禅，穷物理者惑于虚无，奈何学问良知，莫可以已？曰：亦时使然也。故予谓朱子陆子，犹宋学也。明之理学心学，皆明学焉。

今文制作，古文明礼，盖凡人能学，未必天也；凡人自立，未必本也。是以子曰："先王以承天之道，以治人之情。"天道近乎明理，人情近乎立本，而凡圣各因才而笃焉。能大者上，能小者守。盖有王者立极于大，则手足自能得之，小大由之，不中者亦不远矣。

宋明之学，发先师所不言，汉儒所未习，以行之礼制丛脞，而气质夹杂之时，尚亦难哉！然则学既乏古，虽曰天理，虽致良知，而凡夫焉知夫子之传？则不安理者求诸心，不安心者求诸理，或任人以心，或求人以理，或心理不别以责人，或理心不辨以自安，伊于胡底？至于言入心而不问人心安，讲章句而唯恐人博学，又不知心耶，理耶？

穷理者尽其学，立心者行其志，宋明则彝伦尚在，去古未远焉，故亦学古入官，凭心论理，工夫到处，亦足以发。则今之业宋明者，纵不必潜心古礼，亦当以《大明集礼》《大明律》、朱子《小学》《通鉴纲目》张本，然后慎言天理，好生用心是矣。

以朱子而极言之，虚灵不可恃也。以陆子而极言之，工夫不可恃也。然则所可恃者，王与圣而已。王与圣不世，则从先王之法，春秋之制而已。此非推论，史实耳。

今则上不能明周公之心，夫子之志，中不能守先儒之训，传记之微，下于紫阳之学，仅取己意；于大明之法，置若罔闻。则恶乎儒者之风？

朱子以问学同人，陆子以德性自立，亦自有同异外内之合，故为千年不替之学。盖问学尚文，有流派之异。德性用质，复虚灵之统。朱子之天理，万物所同然者也。故至于物者，非外求也，反其所自生耳。天地即理之所存，人秉天命而生。明乎万物所同，即明乎我之所立矣。

故朱子之学,实无内外。论者诘曰:既曰所同,何不求心。朱子学则曰:天理则同,气秉则异。同,故求乎天地非外也。异,则求乎虚灵非正也。盖天理之蔽,以问学言之,百家纷纭是也;以禀赋言之,气质清浊亦是也。以为己之论,则曰格除人欲可也,以问学言之,则整齐百家是也。百家不齐者,其实气质不同耳;气质有别也,固有百家兴替之曲。故二者似异而实同也。然则朱子以问学求所同,是立乎似异似外,以同乎大同大内者也,是以成其格局。心学之本体,人人所秉受者也。故陆子所谓尊德性,只在血脉上感移他,所谓与民同处而已。故陆子伎俩,先立其大者而已。阳明子曰:"无善无恶心之体,有善有恶意之动。"盖天理人心所同者甚简,而善恶见乎知行而已。故心学理在虚灵,而功在日用,则学理可异,德性则一。难者尝曰:功夫不到,气质不除。心学则曰:所谓理一,必以简能,易言其变,龙谓其神。德性所立,何妨分殊?若夫学之支离,是功在气质,非在本体。若夫人情世故,亦理气所结,立本者理一而气定,使气者多事而无心。故此心在,诸事皆理,理亦自见;此气在,则虽圣贤语录,不亦多端?故功夫可异,德性则一;天理虽一,由来则异。然则心学以德性成人,是其天理贵简,而功夫可大,故立乎似同似粗,以通乎大分大功。呜呼,圣王既没,师传已绝,不资乎周孔以成己,而犹能以成性之德者,莫大乎二家也。朱子欲全乎二说,阳明作晚年定论,则观其大者,取其性理,是善学者也。末学以尊德性而求同,道问学而立异者,则二家之罪人也。以同求同,人将不堪;以异立异,学必不古。且同以求同,则不容问学矣,是言天理而背朱陆;以异立异,则不容德性矣,是称功夫而蔑圣贤。而今诸君将一任一听之乎?

又:今文以师承,古文以古制,皆经学也;理学以格物,心学以德性,皆理学也。天下事,经学与理学参半。必则古昔,经学也。慎思明辨,理学也。周汉亦有理学,宋明亦有经学,各自致曲而已。必曰性理然后理学,则理学褊矣。必曰注疏然后经学,则经学画矣。

经学者,先王素王之范式也,不假理学,不能明体达用。理学者,圣王既没，世事陵迟，学者追既往而复三代也（通三代以言道，是宋儒所以汉儒不足处，亦宋儒之不能为汉儒处。虽然无谓理学唯有性理），不假经学，亦不足以定是非（如朱子论丧服事）。故经学之期乎理学者，致用也。理学之继以经学者（曰继者，继明儒之志古学也），建极也（本体）。

今文古文所不同者，三代改制文也。古文主礼而守常，今文行权而通变。是以拨乱反正，今文之大功也。必则古昔，古文之墨守也。故兴起莫若今文（汉初、当代是也），而不足守成，故继之以古文。礼制莫若古文，而变通不足，故继之以今文（乾嘉之学变而为常州，变而为改制，亦可为比）。然则穷经而不变，不足言今文，变而无法，是不学古文也。古文亦有变，周公制礼然也，故《周礼》有盟誓，《左传》称文襄，唯不若今文之达耳。汉亡后，质文之变，反为一依汉唐，则今文不足言也。三代既祧，周为具文，则古文不足用也。然则古文之学，得存于史家、杂家；而今文之谶，必为儒林之避讳。二家中绝，本不足论。托二家之先王素王之道，于是乃斩，是学术之大变也。

汉武，今文之功也。新莽，古文之惭也。然则今古文者，莫不为天下建极。故今古之争，亦萃于《春秋》《周礼》《尚书》，盖治道所出也。又汉时经学政事非若泾渭，若太史公之继《春秋》，蔡中郎之训名号，未尝以古今悬隔也。康成主《周礼》，亦赫然汉学殿军，其出乎《公羊传》《大传》，不违《春秋》之志也。何邵公粹然专家，亦博览群经，间取《王制》《明堂》之流，亦汉学风骨。郑子又的然清高之人也，深衣幅巾，以为宋学表率，其子赴义而死，其孙述道短折，是其教法得当，非徒辞章也。至于魏晋再篡，谶纬为禁，而公羊之授受敢复言乎？夫三代之伐，封建时代，地广人稀，故不敢违天，而享国长也。至于郡县时代，篡权得政，腥闻海内，孰能无忌？或外强而短折，或内苛而弹压，不正之统，不出此类也。然则三正之说尽空言矣。又《公羊传》最忌世官，而魏晋以世官篡位，赖世官幸存，则《公羊传》恶乎行于斯世？自王莽之败，而古文制作殆可疑也。魏晋以降，则《公羊传》微言亦不得矣。是以礼学不得不竟

· 149 ·

于丧服，而性理不得不让于佛老。盖国则岛夷，君则独夫，臣则世官，而汉家制度不行，汉学何以能存？岂二氏玄学之过与？自兹以降，两京荣耀已去，汉学制作皆亡，嗣后之儒学，鲜有能治者也。

今文古文，一质一文。古文善守，气质（志意）则不足，阴阳分然也。故汉古文之胜，偶于今文也。至于今文成讳，则与古文偶者，前之玄学，后之佛老也。昔者今文之偶古文，以天下之大志也。而佛老之偶古文，以虚灵之崇信也。然则古文非无天理性命也，以宋明之偶观之，则不见其志意也。既见古文之不足，而思以偶之，则五胡之后，亦不得不失于虚灵也。欲言三代，而三统不得言之；欲言心志，而恩疾不欲言之；是今文之不得不亡，而古文之不得不失也。

虽然，理学以心学收之者，非以歧出，盖以成之也。失偶之古文，不得偶于王制，得偶于自修而然也。

则无心学之颉颃，非理学也。无古学之收摄，亦非理学也。后者象山独推古注，阳明重疏古本，而明儒若何元朗、张天如，皆道古学。前者，则戴东原之谓以理杀人者，其不见心学乃尔。则理学无心学之比，或失惨苛；无经学之统，流于支离。朱子遍注群经，欲合德性，故为理学之大宗。后之宗朱者众，而德不及者，或乏经术，或无心学故也。若夫述陆王而又不及者，良知之发，不假理学、古学以正之，亦非陆王所知也。然则人云朱子，而不知朱子所由来。人云陆王，亦不知陆王所由来。况能反本乎？

经学者，以宋明观之，为天理人情之收摄也。学经学而不收，不如无经学也。学经学而欲收之理学，则得鱼忘筌，非理学之义也。然则善乎理学者，自当立乎经学理学之间，以经正心，以理正行，然后不失理学之出处去处也。此明儒之义，而未及发者也。

理学自收为心学，自发为实学，亦晚明之义也。然则理学非始于关闽伊洛也。《公羊传》曰缘心，《穀梁传》曰成志，《礼记》曰心安，性理之用也。何曰隐括，许曰贯通，郑曰整齐，皆穷神知化之谓也。是以《春秋》返经，昌黎论道，若固有然。而后有《春秋尊王发微》，《大学》立本，而范希文公固若先知也。故善以理学观汉学者，当曰

《春秋》即所以养心，《周礼》即所以明理。所谓谶纬者，或识于人鬼神祇之名，或明乎尧舜授受之迹，不必轻侮也。至于汉儒多干禄，则汉承秦弊，非制作不足以复三代，非循吏不足以刑乱国而已，岂敢唐突也？且先王典册俱在，汉儒之无言，亦若陆王之不作；古学之博物，固若朱子之问学；饮水思源，良有以也。

宋明业经者亦多，于道学无闻焉。然则经学失于墨守，既无明理之用，亦愧虚灵之宅，则后世目为史家、杂家，不亦宜乎？则宋明经学失于多，而陆沉之经学失于寡，皆不足为古学也。

又今文、古文，师法尚存之两端也。理学、心学，师承已绝之二轨也。今文者，以夫子口义，守文字之既成。古文者，以先师训诂，求先王之史册。盖去古未远，先王之史，及后世之经；夫子之义，即天人之理。初无二志，本无二心，故唯先王素王，好谶好礼之别耳。理学、心学，皆去古既远，虽有典册，不足行事，虽有圣贤，不足安心，乃不得不分说天理，反躬求道，不得不然耳。

圣王之义，至安至得也，安故有得，得故可安。唯道有明夷，世有陵替，先王既没，圣人不出，华夏留名，不能成实。则五方之民，不能无物化也。欲安于至不安者，将以无常为安，而冥求之，达摩、佛教是也。求助于至无助者，必曰真主万能，以宗奉之，则基督、清真是也。至于道家者流，尚可即安于尘世，故无常不若佛家之妙也。神道者流，尚可求助于彝伦，则究极不若景教之勤也。

正统、无易道，盖治国第一要义。善哉《穀梁传》疏言："多贤不可以多君，无贤不可以无君。"统有贵于贤也，是曰大居正。中西古今，正之者胜，易之者亡，非凡俗所见也。

汉学重制度，甚矣大哉。国家正则百姓有其正，《尚书》之义于斯为大。后儒于天下悖逆之时，虽欲正，何如方外之民？亦何怪乎化外之道兴焉？予未知左道（借佛家语）之不可辟也，然则左道固不得以言语辟也。尔无会极之制作，是自居方外之民耳，何怪乎外道之胜？尔亦一外道耳！

周礼学大纲

一、经义

（一）经部

历代《周礼》注疏著作，以疏解或阐发为主。分两类：

（1）具列经文或章句，依次疏解。如郑康成《周礼注》。这类著作必须与经文密合，训诂切于上下文，考订或阐发亦限制在章节之内。优点是全面，缺憾是阐发不能充分展开，训诂往往失于具体，读者难以提取要点。且此类著作传统上只在序言、体例部分阐明方法、要点，读者亦未必得以体会。

（2）经学式考证或运用，如俞寿翁《周礼复古编》、黄元同《礼书通故》相关部分，著作虽不依经文顺序，可以统筹总论，便于发挥，但目的是经学。又陈灵茂先生《春秋左传典略》虽是春秋著作，但从周礼学角度看，乃是用《周礼》以注经，亦当归在经部。

（二）史部

分两类：

（1）经学类。通过历史经验阐发《周礼》，或借助《周礼》的义理评论历代得失，如魏庄渠《周礼沿革传》。宋明《周礼》注多用此方法，与经科重叠。

（2）史学类。侧重历史溯源或评论。如《通典》，虽非《周礼》著作，但罗列周朝官职，以为重要参考。如张亚初、刘雨先生《西周金文官制研究》，虽意在西周史，但于《周礼》有参照价值。

（三）子部

如叶秀发《礼经会元》、李旴江《周礼致太平论》、熊逸翁《读经示要》，过去放到经部或集部，但此类著作侧重思想阐发，应归入子部。如孙仲容《周礼政要》，是通过西洋制度与《周礼》郑注所持制度的对照来阐发维新思想，虽然今天看来更接近史部，但从其当年之意，应入子部为妥。

（四）集部

长于《周礼》者在文章或著作中阐发或运用《周礼》的，如方希直若干篇、丘琼山《大学衍义补》中杂引。此类著作如有有心人整理纳入经注，则无妨成为经部著作，但明以后《周礼》学衰，至今无人整饬。

二、治事

《周礼》，古以为周公致太平之书。今不必其周公所作，而作者当六国离乱，必欲采择佚文，以存周公之典，不亦致太平之心乎？况彼时能为此等事者，不为上大夫，必为左史，或大儒之群弟子，绝非不通治道、泛泛空谈之辈。故此书乃是礼制之元典，读者既知礼是天道人情之折中，而圣王以治天下者，则是书即所谓 Constitution naturelle du gouvernement，在古典学尚未复兴的今天，这个词可能更能说明治事的方面。本篇题目皆用现代汉语翻译的法文或英文术语，在题目下指出和古典术语的不同，以及我们的取舍。

（一）政治学（politique）

西方一般描述为共同体的管理或其学说，这个意义用中文应称为"群学"。子曰:"政者,正也。"荀子曰:"少而理曰治。"所以政治一词更强调判断是非的教化,和本于天地固然之理,而又行之有效的管理。另外,politique 来源于 polis(城邦),本意是城邦成员的道义。但中国自古没有 polis 及其封闭性,没有血缘或阶级的限定。故中国的诸侯国甚至周边国家都是开放的,百姓可以自行迁徙,士大夫也可以按照礼制到外国任职。邦国对迁徙农民按照距离城市的远近有不同的土地分配和赋税义务,并给予一定时间的优惠。对卿大夫士或工匠则量能授职,与本国人并无区别。所以中文的群学或政治学,先天是小到乡党,大到天下,无所不包的。从这个意义上说,更接近今日 politique 的观念。总之,来自古希腊罗马城邦观念的 politique,自然偏重于权力、边界之类的叙事,来自中国古典的政治,自然偏重教化与礼制。不同的训诂不仅仅是词源问题,更重要的是民族潜意识。在今天,在中国谈论政治,平民诉求的是政简刑清、安居乐业,与西方的精英宪政、言论自由、自由贸易,或国有企业、金融边疆,是有着本质区别的。或者说,对尊重百姓的君子而言,教化与礼制应当成为政治的目的,而 politique 只是可资借鉴的手段。

(1)《周礼》是王畿－外诸侯－海外的结构,与后世郡县－藩属－远夷略有差别。但后世中国更应视为扩大版的《周礼》,而不是空发些封建郡县的感慨。遗憾的是,后世没有善治诸侯,他们没有指导周边国家建立更有仁义精神的科举制政府。只有朝鲜、安南实现了,但朝鲜有两班贵族,越南是三教合一,不与中国同,且都是自己推动的,中国并未倡导。对于非汉文国家,则采取了放任政策,甚至禁止中国书籍的传播,却帮助他们翻译佛经,兴建寺院。总之,明朝对内番的态度是消极的,有悖春秋大义。

(2)或谓周礼为 Feodalite 或 Feodalisme,这个词也被翻译成封建制、封建主义。Feodalite 的词源是 fief,采地,重点在臣;封建是天子封土建邦,即便推广至诸侯赐卿大夫以采,重点皆在君。历史正如训诂,中世纪欧洲没有正当的君权,既无礼教约束国君,亦无选举制委任贤能，除宗教、军事之外，法则、官职、礼俗全付阙如。这造成了西方贵族制的悠久传统，国家元首及其官员，只是贵族意识形态控制下的行政系统而已。中国除了礼崩乐坏的春秋战国及玄学误国的南北朝之外，不存在贵族，中国政权是对所有好学有才并能表现出来的人开放的，包括外国。同时，中国君主受到礼制约束，权力一般掌握在通过选举或科举产生的官僚系统尤其宰相手中。

同样，周礼不是Federalisme，这个词翻译为联邦主义是对的，词源是foedus同盟，如果仿照把"食采主义"翻译成"封建主义"的模式，则联邦主义在中国应叫作"方伯主义"。但中国的方伯是服从天子的，与天子及其下的邦国分享着共同的礼乐。总之，根本的差异就在于中国自古大一统于天子，这是舟车所及的所有文明人的公共知识，所以天子不吝对全天下开放这个体系，而一切企及这个体系的文明人，也莫不融入这个体系。后世的中国没有周汉那样的感召力，但这种道义仍被遵循。

古代中国有暴君，但只能出现在最初一两代创业之君，后面的充其量是"昏君＋奸臣"。创业之君起自豪强，处在巨大变革的时代，自然只能如国父所言，从"军政"走向"训政"，在这个转折点上当然要"一个国家，一个主义，一个领袖"。如果军政到训政的转变不幸中断，那我们一般就不把他当皇帝谈论了，正是这种忽略妨碍了近代人对历史经验的总结。如果明白这些，那我们还应看到，中国的创业之君，不仅仅是完成训政，周公（摄政称王时期）、明太祖，同时是宪政的缔造者。西方近代更是如此，国王可以砍头，但国境仍需铁腕，没有一个权威，宪政乃至妥协都是不可能的。所以英国有克伦威尔，法国靠拿破仑，德国靠俾斯麦。当创业之君奠定了国家的客观基础，后面的守成之君自然无所作为。且在中国，科举制提供的新兴文官，在欧洲，贵族及新兴的工业权贵，必然蚕食嗣君的权威，这不是中国古典的尊君所能阻止，也不是一份大宪章（Magna Carta）所能维护。下一步，就是通过议会、台省、库里勒台斗争形成权贵垄断或联合垄断，在古典中国，这往往被叫作奸臣干政。同时，反抗权奸的斗争亦将在 barricade，在科场，在街头。礼制，或者 constitution，科举制或者代议制民主，只是社会管理的模式，并不能阻挡社会自身的演化。面对时代的变化，只能靠贤才与时俱进。就如《周礼》，也会考虑到诸侯背叛，要质鬼神。所以《春秋》才说"变周之文"，"拨乱反正"。有这种承认变革和研究变革的态度，才有政治学。

启蒙时代的欧洲人曾用 Despotisme 指称中国（来自古代对波斯之类东方国家的称呼，应当译作东方专制主义，而西方自己叫 Monarchie），魁奈已经辩论过了，此处不重复。

（3）周礼的制度基础是"大比"，即汉朝的"察举+吏治"。所以称为基础，因为这是地官的主要职责，既是士庶人自我实现的途径，也是朝廷贤者能者的来源，没有地官，天官或四时都无从谈起。

科举制是后世对大比的必要补充，他放弃了不切实际的如贤良方正之类的道德要求，而归并为文字、思维能力的考核，到明朝，完全杜绝了游说主考、试卷作弊等干扰因素，提供了最客观公正的选才制度。但科举的遗憾，是排斥循吏。一方面，取消了汉时尚存的吏以功迁，剥夺了吏员出身的求学权力，造成了吏阶层的自甘堕落；另一方面，科举选出的官员因此不谙吏事，又被地方胥吏所欺。

所以，理想的政治应基础于大比制度，即将科举制向全社会开放，官吏可以通过科举转换身份，也可通过考绩升迁。科举制的优势，是塑造共识，无论出身、年龄，无论在家自学还是学于教授，都平等参与。科举本身给予的是资格，在古代，还要经过吏部铨授才能任官。今天如果喜欢民选，只需把科考作为候选人资格即可，这样可以保证候选人个人素质，可以避免结党营私，可以一定程度上避免候选人通过夸张言论炒作自己和误导选民。而有志于政治者，难道花几年时间掌握这个国家的共识，真的很难吗？如果民选官员连这种精力都不肯付出，那注定和公务员是两个阶层，又如何相互尊重和信任？如果民选官员只需要掌握群众心理学和媒体心理学，那么这个国家的权力，要么掌握在资本的游说团手中，要么掌握在高级公务员手中。而民选官员就成了前台服务员，群众就成了花钱的看客。因为权力服从于他自己的道，如果一个阶层不堪担当，那要么国家灭亡，要么就必须有一个阶层或明或暗地担负起来。问题只是，如果他们是暗地获得权力的，如何监督他们的权力呢？我们有理由监督他们吗？这正是现代社会的问题。

（4）分职还是制衡？西方主张权力制衡，有人以为是他们主性恶。是的，恶人才有利益去防范恶人，是他们常见的叙事。但事实上恶人更乐于合谋分赃，而不是分给外人。

三权分立也有逻辑成因。西方传统是权力掌握在各级贵族手中，而绝对主义君主产生后，开始任用非贵族出身的管理者（固然他们也可能成为穿袍贵族），作为国家主权者的各级贵族自然不待见他们。贵族们虽不愿亲自为国家出力，但毕竟是主权者，那就通过议会和法院掌控国家，他们也能做到。共和以后，国体变了，但权力结构不会巨变，新权贵或新权贵伙同贵族控制了议会，获得立法权。而行政权自然还是要交给那些不是贵族、也不是新贵的老道的办事员手里，他们正是立法权要对付的。司法权的属性在大陆国家不甚明确，但在英美体系则极其突出，是旧贵族驾驭立法权的工具。因为，common law 从何而来？汉文很不恰当地译作"习惯法"或"普通法"，但很遗憾，common law 来自英国国主及其内阁的命令和大法官的案例积累，既不是纯粹的民间习俗，也不是罗马法一般号称本于万物之理的普遍理论。三权分立，是共和体制下，各阶级利益的制衡，司法权是旧贵族，立法权是新贵，行政权是管理人。那么，无产阶级或其他边缘利益呢？靠政党在下院争取议席。这是一个分工，有益于共和的分工，当帝国在海外扩张的时候，大家都有利可图，所以西方社会，尤其英国的阶级流动极低。也许这套体系可以为中国找到缓和矛盾，但是，这与中国历史产生的民情相去甚远。

在古典中国，行政、司法在基层合一，从中层分开。立法主要掌握在京城官员手中，地方官员不是不能参与，他可以上书，但地缘上还是要靠京官的帮助才能产生影响。由于官员来自科举制，就是说全国的士农工商子弟皆可成为官员，并且事实上，按统计六成以上的进士是三代内没有官宦背景的，所以官员几乎可以认为就是来自全国各个阶层。也许富裕家庭会有先天优势，但考虑到课本千年不变，府州县学有廪膳，乡党、社学、族学甚至寺院会资助贫寒，所以这个差距在古代并不重要。唯一的遗憾，是皇族、奴仆、军户和妇女被排除在外（明末有松动的趋向）。西方所谓 legislate，在中国一般不视为"法"，仅当作行政命令，所以立法者同时是行政者。行政、司法在中层以上的分割，与其说为了制衡，不如说是为了复核。另外，县衙以下的乡或村，只要有其组织，可能是明初按照《教民榜文》建立的老人制，也可以是宋以来盛行的乡约，只要乡间有长者负责自发组织，那官方就会给予他调解权，百姓不得越诉，这是纯粹的习惯法。但与现代语言的法的含义不同，这种习惯法并不与朝廷法制冲突，民间纠纷如果已构成犯罪，其刑罚是必须上报的。

总之，宋明以降的古典体系是如此的：百姓按照当地或行业习俗生活。县级政府只完成必要的行政、司法、治安工作，即完粮纳税，政简刑清。从府、道开始，布政（转运也可能独立）、刑名、军事被分开，这是因为工作性质不同，便于监察。宋以后固然强调了制衡作用，但主要是分工，此时监察工作成为重点。到中央一级，则以选举官员，委任、考核、弹劾官员，提案、讨论、发布命令、驳回命令，案件复审为主要职能。在古典中国，一切都可以议论，一切官员、有府州县学生员以上身份者，都可以参与议论，可以上书，也可以通过文章、揭帖等私下扩散。在明朝，政府官员的名单，议论的要点，甚至国家机密，都会被刻印，也没有禁止或追究的意识。

需要说明，这种宋明体制并不理想。宋明体制的弊端，是文人议政的泛滥，由于文人的信息来源狭窄，又过分热衷脑补，所以有效建议不多，相互攻击尤其攻击天子成为主流，结果就是结党。然后舆论及其主宰的权力被集中到少数官僚手中，而科举产生的新人新思想反而被压制，甚至务实官员乃至天子的改革意图也被党争挫败。崇祯年间，生员身份的读书人开始大规模结社，并被斥责为干涉朝廷选除，并出现聚众冲击官府，最终罢免当地官员的事件。但很遗憾，这是否能成为新一轮科举制下的政治机制，已经无法设想了。总之，古典政治的轨迹，就是创业之君礼乐征伐自天子出，守成之君与二千石共天下，之后朋党相争，政在私门。与春秋或魏晋那种贵族体制唯一的不同，就是政虽在私门，但权力却无法世袭，所以新兴进士乃至还没获得出身的一流文人，仍有机会参与博弈。政治是开放的，但开放是以效率为代价的。

分职本身并不能影响权力的轨迹，在文人的时代，也不可能纯用《周礼》。也许并不存在一种理想政治模型，但政治必须符合伦理。对于中国人，由于漫长的大比-科举制度，形成了固有的政治道德观念：

- 人才分布在各个阶层、各个角落，他们的存在无须任何附加条件，他们不需要任何财富、家族、教育的背景。
- 政治的任务，就是找到他们，并委以重任。
- 任何事情都要有确定的官员负责，百姓应该很容易、很直观就能找到。
- 官员要有足够的权力和明确的责任，百姓找了就能解决问题。
- 君子群而不党，朋党要不得。
- 监察考核非常重要，要敢于起用新人，清廉有干劲的人。
- 清廉很重要，但办事能力和效率也不能含糊。

以上是现代人阅读《周礼》的基础，如果还不清晰，看下文。

（二）**管理学**（management）

管者，如《盐铁论》"管山海"之管。理，治也。这个词没什么中西差异，很中性。如果今人不便把《周礼》看作天下，那就不妨把《周礼》看作一个公司。现代管理学认定，公共部门和企业的管理者在需求动机上没有明显差异，而所有组织的决策都受到政治考虑的影响（Stephen P. Robbins）。所以企业仍可以由于效率的驱动，而借鉴《周礼》的诸多内容，如果企业组织足够庞大的话。亨利·法约尔（Henri Fayol）的14条管理原则完全符合《周礼》，尤其一长制和等级链，足以摧毁政治正确对古典学的傲慢。又如玛丽·帕克·芙丽特（Mary Parker Follett）指出组织基于群体道德而非个人主义。在政治上我们可以抛售理想，但人民的福祉却要落实到管理能力，所以抛弃意识形态的话语，从管理经验乃至企业管理角度重读《周礼》，或许是现代人可行的切入方式。切斯特·巴纳德（Chester Barnard）的acceptance view of authority，也许只能唤起今人多墨家尚贤尚同的论述，但在《周礼》，这已固化为制度，最明显便是燕礼、问疾吊丧、就见老人。周朝士大夫不仅仅是政治人物，同时必须是有为的管理者，所以限于政治话语的解说，是片面的。又权变理论（contingency approach）指出过度分工的弊端，又如管理层会把身兼数职视为荣誉而不在乎年薪，前者可纳入官联，后者则类似兼官。又如授权理论，类似"大事从其长，小事则专达"。质量管理虽不是古时能够出现的，但考工记详细记载了工业标准及检验方法，在战国末已出现标准化生产，汉朝出土过类似游标卡尺的量具，这也许是那个时代所能达到的最大创新了。

现代管理学倾向于反省权威（authority），反省直线权威（line authority），他们确实加深了对权力（power）的理解。琼·伍德沃德（Joan Woodward）研究了技术复杂度与组织结构的联系，并认为单件和连续生产企业适应有机组织（organic organization），大量生产才适合古典式的机械式组织。查尔斯·佩罗（Charles Perrow）认为越常规的技术，越需要正规化、集权化的组织，而非常规的技术，则需要分权和协商的组织，只需保留最低的正规化。

周礼学在管理方面的展开当然不是比附现成学说，但比附是一个必要的开端，必须借助现代管理中务实的理论，摒弃意识形态的叙事，来思考、解答《周礼》及其历代流变的逻辑。这才谈得上一个现代经师对《周礼》的理解。在此基础上归纳《周礼》及其流变中的观念和经验，才可以带来新的管理学。当然，这种新的管理学是面向未来的，未必中国人就有更大的优势去落实，所以落实的步骤和策略也应一并思考。比附的内容仅举要点：尊无二上，是集权制；正贰考殷辅，是等级链；小事则专达，是分权制；出使长之，入使治之，是开放管理；受命不受辞，进退在大夫，是权变理论。

宅路先生认为企业的理事会、CEO、股东，是模仿西方国家制度的三权分立，这点我同意。或者说西方政体的本质就类似企业管理，理事会是参议院（senate）或内阁（cabinet），CEO 是总理（prime minister），股东是什么？是贵族（nobles），还是中世纪模式？西方的民主政治，如果非要找企业的对应物，那该是社会主义传统的工人委员会。

(三) 经济学 (economie)

这个词源类似现代汉语说家产管理，用古汉语可谓宰学。当然，无论中西方，这个词都是从推广的意义使用。"经济"一词一般解释为经国济民，但失于大而不能小，不同于西文用法。若滥用训诂，以为"经者，常也；济者，行也"，则近乎 physiocratie。固然他们也自称 economistes，但偏于哲学，做一个学派可以，通称则太狭。易曰理财正辞，则经济学翻译为财学，是比较恰当的。

许多中文文献提及《周礼》对弗朗索瓦·魁奈（Franois Quesnay）的影响，但我们没找到明确引用，且魁奈所言的 doctrine 应是杂糅了明清实迹与朱子学理想，有很多来自《周礼》）的传闻。虽不能说他对当时东方的理解十分真实，但从经济学立论的角度，确实言之有物。虽不能说他读过《周礼》，但作为一个外在观察者，也体现了《周礼》或其后世流传的要点[①]。他的 *Le despotisme de la Chine* 较今日许多中国人对中国和专制主义的理解要精确，如果抛开自由主

---

① 这个课题值得仔细分析，现在还没有完整的《魁奈经济哲学全集》译本，连《中国专制主义》的完整译本都没有，罔论思量其思想的精确来源及相互启发。

义的话语，则 despotisme legal 曾经是全球资本主义变革的重要制度支持，尤其普鲁士、意大利、拉美国家、日本。

　　Physiocratie，他们自己解释作 Constitution naturelle du gouvernement，也就是万物之理的治理。近代汉语把 nature 莫名其妙地翻译成"自然"，其实这个词来自 natura（生），那么 nature 正当是汉文的"性"，则 lois naturelle 便犹如说"性理"。从扩大的角度使用 nature，则当如古语"生生"，或为避免歧义，可以说是"万物"，若强调所共有的则曰"理"。"自然"一词是庄老对无可名者的拟辞，彼辈以万物法道，道无所法，便说法自然，即是其自是。但以万物为自然，只有在庄子万物为一的基础上才可言之，并不能算道家的共识，何况儒家或阴阳家呢？从儒道阴阳都可接受的角度，nature 翻译成"道"也可，Physiocratie 便是"道治"，但我还是遵从宋明习俗，称为"理治"。总之，从训诂上便见这是很中国的，也是现存经济学中最中国的。而现代人称为"重农学派"，真是不知所云。农业诚然是这群经济学家心中财富的唯一源泉，并且还促成了路易十五的籍田礼，但正如古中国之尽地力是基于社会现实，而不是义理如此。如果魁奈能看到完整的《周礼》译本，他反而应当意识到重农只是其中一项，来百工与通商贾，甚至子母相权并不仅仅是抽象原则。如果回溯历史，《周礼》恰恰没有后世那么重农，因为当时农业技术尚未发达，在地广人稀的背景下，阜通有无乃是避免天灾人祸的必要手段。尽地力之教，尤其重农抑商，恰恰是春秋末战国初，农业技术发达，家庭农业成为主流，农耕、恶金开始运用的时代。从资本的观点看，当工商乃至金融资本日趋重要，农民（包括地主、佃农）阶层分崩离析的时候，财富、税收的来源自然应当转移到资本头上，这是天道使然。总之，"重农学派"一词，对 Physiocratie 或其来源的中国，都是贬低和误导。

　　魁奈阐述了 propriete privee 和基于土地的税收，但注意这仍然是一个传闻的中国模式，他忽略了中国地权的复杂，以及从一条鞭到摊丁入亩的逻辑进路，也没有指出财产继承与科举制构成的富不过三代的体系才是中国得以幸福运行的原因。现代经济学抽空或漠视了这一背景，是不科学的。我们把 propriete privee 翻译为私有财产，这个现代汉语是否符合本意，也需要检讨。

　　魁奈用 laissez faire 翻译"无为"，这是正确的。来自当时的朱子学背景，无为，即共垂而治，王者体元居正，而万物各正性命，这是对 physiocratie 的合理诠释。现代汉语又转译为自由放任，则附加了做作的成分，去原意甚远。又当时英语国家有流行词 free trade、non-interference，学者视为一义，并纳入亚当·斯密（Adam Smith）的体系，其实是把欧洲当时的经济环境普遍化了。而明清时代的状况是商税都微不足道，更无论贸易自由。虽然中国对外贸加以限制，有时也有海禁，但欧洲在中国想象中是被忽略的。又中国虽有 laissez faire 的观念，但亦有市官传统。亚当·斯密时代英国的发达，也是靠其市官的大战略，包括贸易保护主义。所以 free trade、non-interference 是商人的主义，但并非经济发达的历史真实，更不是无为的固有之义。

（四）哲学（philosophie）

　　训诂用现代汉语来说即爱智慧。哲者，智也，考虑到好学近乎智，这个翻译是可靠的。哲学包含很多，看人发掘能力罢了。但近代言哲学则称庄老，算是经学衰落后的变态了。盖庄老绝圣弃智，若非食其糟粕之人，当是弃智而非好智。当然，不管他什么想法，姑且当一种智慧看待，见彼辈乐此不疲，则谓之哲学，以小人之道言之，也算可以了。但天下本有正道，不从圣人出读哲学，是自贬身价。

（五）神学（theologie）

　　这个词应严格使用汉文，古希腊的 theos 是拟人的，基督教虽有无形的一面，但又是有人的形象的，还可以言成肉身，这些观念都是混杂的。只有清真教对真主、真宰的言论，接近汉文的神，但又是混沌不分别的。

神，是天神地祇人鬼的简称。天神是无形的，地祇是有形有质的，包括山川土地，也包括五祀、物魅。人鬼是作为五行之秀气的人死后的状态，注意是状态的改变，而不是变化，一般分为神明和体魄两部分。体魄是有形有质的，化于大地，而神明是无形的，无所不之。无论天神、地祇、人鬼，都不是唯一的或曰整体的，他们都遵循道，或者说他们创生或主宰着万物，但和万物一样服从相同的道理。当然，《周礼》的设官分职是最接近的描述。神不是全能的，而是分工的。神不是无始无终、无体无象的，而是与时消息示吉凶于人的。

今日言神学，虽然已大都失去了崇拜的意义，但毕竟人间是按照他们对神的理解来运作和思维的。所以研究神学，主要是展开不同文明的集体潜意识，毕竟随着神学的没落，这种潜意识已经移植到了种种社会行为中，最明显的莫过于政治。或者说，抛开意识形态的种种伪装，是神学决定了其真实内核。

（六）法学（legislation）

古中国习惯于把必须的称为法，把应当的称为礼。西方的法律叙事中，一种强调其事神治人的义理，这种观念是包含了中文礼的许多内容的；一种如 Xenophon 则强调众人通过的必须遵守，这更接近中文的法。

虽然我们有巨细靡遗的秦律，或援礼入法的唐明律，但总体来说，遵循了礼不下庶人的观念，法规定的只是百姓的底线。至于各社会阶层或组织团体，无论宗族、会社、寺院，只要不触犯底线，那是他自己的本俗。古代中国重视礼的教化，但仅依赖君子以示范的方式传播，所以就传播而言是乏善可陈的。

（七）性理学（nature）

本于汉儒的性情五行之论，或宋儒性善、天命之性、气质之性的学说（侧重点不是宋明式的论辩，那属于哲学，而是应用），用于订正今日的社会学、人性论、伦理学、心理学。

性，严格讲是仁义礼智信等本原于天理的趋向，当然每个人的侧重或曰偏差不同。至于好恶、需求、安全感、欲望、权力意志、情结，那都是情，是人之个体差异和社会环境产生的种种情绪。性属阳，是积极的、可控的、独立的。情属阴，是被动的，受制于人，也需要他人参与的。从训诂讲，西方的 nature 类似性，西方也有类似的四德（Courage、Prudence、Temperance、Justice），类勇、智、俭、义，但并未用以解释人与人禀赋的差异。汉学以五行论性，意味着性是天道在人的具体化，而禀赋有所不同，构成了人的个体差异和行为方式的不同。五行论性，亦不把这种差异看作道德的不足，而只是视为后天修养的注意事项。

如何判断一个人的性情偏向，并因之给予发挥长处或者弥补短处的学习建议，从而发挥出天命之性的主动性，而驾驭情绪尤其负面情绪对人的干扰？通过因人而异的性理的具体指导，解决今日所谓的心理问题、交际问题，乃至于管理组织问题。

从学术的角度，宋明周礼学家盛赞周公事制曲防，扩展了一般性理学的内容，他们敢于对人情的负面因素及其原理展开论述，是天理流行的必要手段。

古典义理提要

人在五伦中，有其性也（《中庸》），不可抽象而论。

故为政不出此五伦，修齐治平是也。（《大学》）一以贯之（《论语》），是为大一（《礼运》），为大一统（《公羊传》）。

是故政不足恃也，必以礼（《论语》）。盖品节人情，以行中道。礼不足恃也，待忠信之人。（《礼器》）

故政在教化，有地官；在选贤，有大比。（《学记》《周礼》《春秋》）

有一事则制一官。政不空言，或见诸职掌（《周礼》），或见诸行事（《春秋》）。

必有准绳（《春秋》《礼器》《曲礼》），必借谋道之人，即士也。

位、分，名、实。陪贰，如上下、亲属、贵贱、新旧。有故有絜矩之道。

故天子有师保，有三老五更，有冢宰，有世臣，有宗庙社稷。天子亦有父也，有兄也，有上也，有友也，有师也。（《立政》《文王世子》）

故礼有隆杀，而爵位职官俸禄出焉。

人性本善，故天官养之，地官春官教之，冬官利之。人性不足（《荀子》言多），故有夏官用兵，秋官用刑。

天地交，大仆复逆，士传言，庶人谤，后世清议是也。天子者天成之，百姓者，地养之，居其间，见人道者，不唯士乎？先进于礼乐也。

以哲学论之，则有：

唯一性

《坊记》："子云：天无二日，土无二王，家无二主，尊无二上，示民有君臣之别也。"《系辞》："阳一君而二民，君子之道也。阴二君而一民，小人之道也。"《大诰》："王若曰。"郑注："王谓摄也。"《尚书大传》："周公疾曰：吾死，必葬于成周，示天下臣于成王也。"《公羊传·文公九年》："踰年称公矣，则曷为于其封内三年称子？缘民臣之心，不可一日无君。缘终始之义，一年不二君。"君（天子）必明示群下，必唯一不二。盖有二者，其为尊卑也微，国人莫知也。又若爵等而势分，莫不以内外恩威，久则相侵，而民以群分矣。

相对性

《白虎通》："天子者，爵称也。"《中候》曰："天子臣放勋。"《春秋繁露》云："以元之深，正天之端；以天之端，正王者之政。"《丧服》："君。"传曰："君，至尊也。"注："天子诸侯及卿大夫有地者皆曰君。"君臣为通称，"君者，群也，群下归心也"（《说文》）。"臣者，缠也，励志自坚固也。"（《白虎通》）君于其君亦为臣，臣于其臣亦为君，君臣之义，絜矩之道也。

普遍性

"能为师然后能为长；能为长然后能为君。"（《乐记》）"凡妾称夫曰君。"（《礼记·内则》注）

非传递性

《左传·昭公十四年》："家臣而欲张公室，罪莫大焉。"杜注："言越职。"此若学不躐等云，非吾臣之臣非吾臣之谓，盖等次不可紊也。若《礼记·内则》："冢妇所祭祀宾客，每事必请于姑，介妇请于冢妇。"又："舅姑若使介妇，毋敢敌耦于冢妇。"盖非非常之事，公使家臣，先命其君；家臣谋公，必禀其君，则君臣道顺。

《周礼》："惟王建国，辨方正位，体国经野，设官分职，以为民极。乃立天官冢宰，使帅其属而掌邦治，以佐王均邦国。"大宰之职："乃施典于邦国，而建其牧，立其监，设其参，傅其伍，陈其殷，置其辅。乃施则于都鄙，而建其长，立其两，设其伍，陈其殷，置其辅。乃施法于官府，而建其正，立其贰，设其考，陈其殷，置其辅。"冢宰、大宰名义之别，郑注："变冢言大，进退异名也。百官总焉则谓之冢，列职于王则称大。"天子建六官以治四时，六官亦有群焉，故以冢宰总之，犹公子不得祖之后，则立别子以宗之。而六官以其法则，各自辟属，天工备矣。

《礼运》："王中心无为也，以守至正。"大宰："做大事则戒于百官，赞王命。王视治朝，则赞听治。视四方之听朝亦如之。凡邦之小治，则冢宰听之。待四方之宾客之小治。岁终，则令百官府各正其治，受其会。听其致事,而诏王废置。三岁则大计群吏之治而诛赏之。"《尚书·立政》："文王罔攸兼于庶言、庶狱、庶慎，惟有司之牧夫。是训用违，庶狱、庶慎，文王罔敢知于兹。"《尚书·正义》曰："劳于求才，逸于任贤。"君之无为，顺帝之则故也。君之有为，举贤与能而已。天子虽尊，度在大宰之九式。冢宰权重，典则掌于春官大史。

《洪范》："沈潜刚克，高明柔克。"孔传："喻臣当执刚以正君，君亦当执柔以纳臣。"

《六艺论》："自书契之兴，朴略尚质，面称不为谄，目谏不为谤，君臣之接如朋友然，在于恳诚而已。"宣六年何注："礼，天子为三公下阶，卿前席，大夫兴席，士式几。"然则六官之典，为冢宰制焉。若夫君王之义，则《仪礼》见之。盖臣有贤愚，位有上下，不能无龃龉嫉妒，为君之义，一则举直而任使，再则和合群臣而已。然则为君务仁恩，臣或专威刑，故废置诛赏虽掌于冢宰，而必以君命行焉。

余论：至于后世君臣道坏，一曰尊君抑臣，情志不通。二曰权臣当道，君若缀旒，壅蔽贤路。三曰朋党比周，沽名卖直，武断乡曲。所以然者，盖自阳言之，君臣之接如朋友然（《六艺论》），而励志为臣。自阴言之，则赏庆刑威曰君（《左传》），而屈服者曰臣。后之士夫，不正以礼，唯恐天子饮酒田猎，则君阳废矣。后之权贵，或身兼三事，赏庆由己，以废君臣之阴，或清谈自高，不亲具事，以废臣阳。皆乱君臣之职，而废君臣名义者也。

官学与私学

古中国,总是官方学术与民间学术并存。周朝是宗周礼乐和民间的诸子百家(包括儒家),汉朝是官方的今文学与民间的古文学,明朝是官方的朱子学与民间的心学。稍微模糊点的,是唐宋官方的《五经正义》与民间的理学。说模糊,是唐朝的理学并未形成规模,而宋朝的《正义》本来不具权威。

最典型的,还是汉朝和明朝。汉朝是经学的成熟期,明朝是朱子学的成熟期,且不止理论的成熟,亦是学术在政治上的实施阶段。相对于封土建邦的周朝,王化不行的唐朝,好尚新奇的宋朝,汉明二朝,更代表不同历史时期和学术背景下的中国。

汉朝和明朝的学术特征,是官学与私学分庭抗礼。但必须指出:私学是诞生于官学的,可以称为官学的歧出,但绝不能视为对立面。

汉朝的古今文之争,除了学术之争,更多是政治斗争。但汉朝之所以会出现官私学的政治斗争,恰恰是汉代的特殊性。汉朝的学术是以家学或学派为基础的,而朝廷原则上因此必须尊重各种经学流派的分支(因为道统是凌驾于政统的,所以政治上这是没有选择余地的),并给予政治地位。正因如此,所以才触动了今古文学派之间的利益冲突。但如果抛开这些利益,总体上,今古文学派是相互影响的,今文派也会背经任意,古文派也会迷信谶纬。

明朝的理学心学之争,则没有涉及政治("大礼议"也许是个特例)。同样,明朝的道统也是凌驾于政统的。一方面,心学只是对理学进路(修行方法)的补充,本来谈不上冲突,也无人诉求分庭抗礼;

且心学支流,选择的就是庶民教化。另一方面,晚明的政治是消极的,对学术流变是放任的。

官学的目的是保守,当一个国家运转百年之后,官学即便运转良好,也会因为缺少新鲜感而被人厌倦,这不是学术或政治问题,而是一个心理现象。但同时,官学并不宜贸然更迭。在这个空隙中,如果国家形态良好,便会有水平绝不亚于官学的私学渐渐形成。从历史上看,汉朝官学较早试图接纳私学,反而引起冲突;而东汉由于历史原因拒绝接纳私学,也绝不妨碍私学的囊括天地。明朝官学本无触动,则官私之学亦各行其是。

我们认为,即便官学要更迭或曰吸纳,也一定要等待私学具备分庭抗礼的能力之后。否则,结果将是官学不立,而私学不成。一旦贸然把私学吸纳进来,实际是为私学设定了保守的程序。如果此时私学尚未发育完全,则将永远失去成熟的可能。而新思维的吸纳,本身就在心理上(注意,不是学术上或政治上)注定了旧官学的衰败。但如果此时新思维只是个半成品,那就意味着整个学术的退化,而不仅仅是官学!

另外,汉明社会与今日不同,私学纵使不被接纳,依然可以存在、可以发展,甚至古文学是远远超越了官学规模的(心学则不会如此,是不会而不是不能)。这个条件在今天是不存在的。

集大成者的出现,是官学私学分庭抗礼,学术得以成功转型以应时变的标志。不成熟的私学一般是与官学为敌的,因为其理论幼稚,也就不得不诉诸耸人听闻。而集大成者,如果出自私学,则首先要纠正私学的偏激,同时也要应对对方的辩难。所以集大成者,注定是中正平和而应时的。所以,孔子是先王之道的集大成者,既有宗周礼乐的积淀,又有春秋时变乃至通三统开百家的魄力。同样郑康成是今古文经学的集大成者,既有公羊家的玄意,又有古文家的博览。朱子一般被称为理学的集大成者,但实际也是《五经正义》体系与北宋理学思想的集成者,既有郑学的精微,又有宋学的思辨。

公羊旁议

大一统疏

经:"元年春王正月。"

传:"元年者何?君之始年也。"注:"元者,气也,无形以起有形,以分造起天地,天地之始也。故上无所系,而使春系之也。"

案:元者,犹《易纬》之太易,宋儒之谓理,老子之谓无。气者,《易纬》之太初,宋学之谓气,老子之有名。其间参差,各有所重。如唐疏、象山,但有太极,而濂溪、紫阳,加以无极。若天地之前,《易纬》尚有太始、太素,并曰混沌。然则元也,无也,易也,理也,天地未分,而万事毕具,则古无异言。唯有无之际,《易纬》有四太,庄子有混沌,而《公羊传》视之无间耳。又道家兼无名有名而强曰道,儒者以乾坤定位万物散殊然后道。则《公羊传》之捷,夫子之正传也。

传:"春者何?岁之始也。"注:"春者,天地开辟之端,养生之首,法象所出,四时本名也。"《易说》云:"孔子曰:易始于太极,太极分而为二,故生天地。天地有春夏秋冬之节,故生四时也。言天地开辟,分为四时,春先为端始也。"

案:春者,蠢也。生生之谓易。使春系之者,好生也。

传:"王者孰谓?谓文王也。"注:"文王,周始受命之王,天之所命,故上系天端。方陈受命制正月,故假以为王法。不言谥者,法其生,不法其死,与后王共之,人道之始也。"疏:"问曰:《春秋》之道,今有三王之法,所以通天三统,是以《春秋说》云:'王者孰谓,谓文王也。'疑三代,谓疑文王,而传专云文王,不取三代何?答曰:大势《春秋》之道,实兼三王,是以《元命包》上文总而疑之。而

173

此传专云谓文王者,以见孔子作新王之法,当周之世,理应权假文王之法,故偏道之矣。"

传:"曷为先言王而后言正月?王正月也。"注:"王者受命,必徙居处,改正朔,易服色,殊徽号,变牺牲,异器械,明受之于天,不受之于人。夏以斗建寅之月为正,平旦为朔,法物见,色尚黑。殷以斗建丑之月为正,鸡鸣为朔,法物牙,色尚白。周以斗建子之月为正,夜半为朔,法物萌,色尚赤。"

案:元者,无形起有形也,故无上焉。春者,天地之始,故次年。王者,域中四大,故次春。月者,王所制,以定四时耳。正月者,月之建首,王制之表彰,故次王。而公羊以此发三正焉。

传:"何言乎王正月?大一统也。"注:"统者,始也,总系之辞。天王者,始受命改制,布政施教于天下。自公侯至于庶人,自山川至于草木昆虫,莫不一一系于正月。故云政教之始。"疏:"大一统也,解云:所以书正月者,王者受命制正月以统天下,令万物无不一一皆奉之以为始,故言大一统也。注总系之辞,解云:凡前代既终,后主更起,立其正朔之初,布象魏于天下,自公侯至于庶人,自山川至于草木昆虫,莫不系于正月而得其所,故曰总系之辞。"

案:以注言之,自公侯至于庶人,自山川至于草木昆虫,大也。一一于正月,一也。统有二训,始者,谓正月也;总系,一一系于此也。《礼运》曰:"是故夫礼,必本于大一,分而为天地,转而为阴阳,变而为四时,列而为鬼神,其降曰命。其官于天也。夫礼必本于天,动而之地,列而之事,变而从时,协于分艺。"《荀子·礼论》:"贵本之谓文,亲用之谓理,两者合而成文,以归大一,夫是之谓大隆。"亦论语所谓一贯也。

传:"公何以不言即位?成公意也。"注:"据文公言即位也。即位者,一国之始。政莫大于正始,故《春秋》以元之气,正天之端;以天之端,正王之政;以王之政,正诸侯之即位;以诸侯之即位,正境内之治。诸侯不上奉王之政,则不得即位,故先言正月,而后言即位。政不由王出,则不得为政,故先言王,而后言正月也。王者不承天以制号令，则无法，故先言春，而后言王。天不深正其元，则不能成其化，故先言元，而后言春。五者同日并见，相须成体，乃天人之大本，万物之所系，不可不察也。"

案：传文至此，乃全元年春王正月，及不书之公继位。而何注乃一气呵成，曰五者同日并见，相须成体。则谓之大一统者，非唯王正月也，盖元年春王正月之委，而公继位之原也。自公继位而元气列而之事，协于分艺，而《春秋》实事有所系，即此后是非褒贬有所统也。故元也；天地也，春也；先王也，文王也；三正也，周正也，大一统之本也。公继位也，王鲁也，春秋经也，大一统之流。然则大一统何不足于五始，何不继乎元年？曰：大一统也。元之气，分为天地，变而四时，降于王者，受命制作，然后大一统可言也。故统之者，元也。成之者，王也。然后正月以纪天，颁朔以正治，而天理流行焉。

明乎此，则太易（天理）也，天地之德也，三代质文也，王者制作也，处事定天工正也，诸侯之布宪也，然后《春秋》肇始，垂宪后世也，然后为大一统。

又成十五年传："春秋内其国而外诸夏，内诸夏而外夷狄。王者欲一乎天下，曷为以外内之辞言之？言自近者始也。"

注："据大一统。明当先正京师，乃正诸夏。诸夏正，乃正夷狄。以渐治之。叶公问政于孔子，孔子曰：'近者说，远者来。'季康子问政于孔子，孔子曰：'政者，正也。子帅以正，孰敢不正？'是也。月者，危录之。诸侯既委任大夫，复命交接夷狄。"

案：则大一统之义，縠以降命之外，犹《周礼》布宪之言："执旌节以宣布于四方，而宪邦之刑禁，以诘四方邦国及其都鄙，达于四海。"然则《公羊传》异于《周礼》者，《周礼》一朝之治，《春秋》文质之宜。以《春秋》言之，大一统者，以三正为典要，以三世为流行。苟三科尚不能系，则何以系万物？

三正若循连环，暴秦必为闰朝，盖正统之谓也。盖夫子统尧舜以俟君子，高祖提三尺剑以承之。则大一统之义，尧舜授受，三代质文，后王垂宪，继之者，三正之中。逆之者，虽久曰残。

三世者，王道之归一，而中国之极大也。据乱世内其国，不暇用心焉。升平世诸夏同心焉。太平世天下化，皆以诸夏治焉。衰乱之中，王道怀藏焉。王道流行，则莫非王臣焉。然则三世者，王道之究竟乎？曰：非也。曰王道者，受命王之道也。夏忠而野，殷敬而鬼，周文以薄。则王道兴起，必至太平。质文之谢，自有更革。或尧舜禅让，或商周革除，或能更受命。故礼，时为大。《穀梁传》亦曰："道之贵者时，其行势也。"则内外者，三世之机也。三世者，三正之一也。《公羊传》之义，何止一国一朝？

然则异内外者，《春秋》之典要也。然则三世虽美，必自近者。三正虽雅，亦自近者。然则不明乎正统之义，则三正不知近取矣。不明乎内外之别，三世不足以近取矣。不明乎忠信之心，内外亦不足近取矣！故三科者，《春秋》之大纲也。大一统者，必有总系也。

七 等 疏

《公羊传·庄公十年》:"荆者何？州名也。州不若国，国不若氏，氏不若人，人不若名，名不若字，字不若子。"

子者，爵也。发七等者，示进爵之次也。

始以州名者，不足以名通中国也。《公羊传·庄公四年》传："小邾娄则曷为谓之倪？未能以其名通也。"注："倪者，小邾娄之都邑，时未能为附庸，不足以小邾娄名通，故略谓之倪。"然则未为附庸，或以都称，或以州举可也。

又《穀梁传·宣十五年》："中国谨日，卑国月，夷狄不日。"注："卑国，谓附庸之属。"襄六年传曰："中国日，卑国月，夷狄时，此谓三术。"隐元年《穀梁传》注："附庸之君，未王命，例称名。"家法虽殊，义则可参。桓二年："宋督弑其君与夷，及其大夫孔父。"何注："言及者，使上及其君，若附大国以名通，明当封为附庸，不绝其祀，所以重社稷之臣也。""三传"皆以附庸未王命，其君以名通。然则君在而称州国氏人者，或未附，或夫子笔削也。

称国者，以其山林既启，渐修朝聘，嘉其有国，故国名之也。《礼记·王制》："不能五十里者，不合于天子，附于诸侯曰附庸。"成国之赋千乘，古文说也，不得解之。又或以国为都城。然则楚不称郢，吴不称邗，知《春秋》之国者，国号也，非都城也。

称氏者，僖十七年："齐人、徐人伐英氏。"注："称氏者，《春秋》前黜称氏也。伐国而含[舍]氏言之者，非主名，故伐之，得从国举。"疏："解云：若其主名，即爵等是也。"宣十五年："晋师灭赤狄潞氏，以潞子婴儿归。"传："离于夷狄，而未能合于中国。"注："疾夷狄之俗而去离之，故称子。未能与中国合同礼义，相亲比也。故犹系赤狄。"称子者，进婴儿之爵也。灭称氏者，其国未进入中国也。宣十六年："十有六年春王正月，晋人灭赤狄甲氏及留吁。"注："言及者，留吁行微，不进。"诸夏之称氏者，若隐三年尹氏，宣十年崔氏传："讥世卿，世卿非礼也。"四裔之称氏者，以潞氏、甲氏及留吁言之，则别种也。然则合言之，称氏者，不与有邑，以世有之，故称氏也。然则《公羊传》以氏为进者，以为四裔称国者，有国而已，称氏者，其种能进与？然则四裔有国，未必慕华以为国守。四裔有族，以人伦教其子弟则易。且四裔之慕华也，莫不以贤大夫若驹支之类始。一家仁，一国兴仁，一家让，一国兴让，则氏之归化，有贤于远国者，亦自然之理。

氏不若人者，于诸夏称人，微者也，众也，贬也。若桓十五年："邾娄人、牟人、葛人来朝。"传："皆何以称人？夷狄之也。"曰朝，君也。称人，贬也。附庸例称名，故若四裔然。若秦始称伯，诸夏也。至于僖二十八年："公会晋侯、齐侯、宋公、蔡侯、郑伯、陈子、莒子、邾娄子、秦人于温。"于经不足证，或以远国，或以微者也。又僖二年："齐侯、宋公、江人、黄人盟于贯泽。"传："江人、黄人者何？远国之辞也。远国至矣，则中国曷为独言齐宋至尔？大国言齐宋，远国言江黄，则以其余为莫敢不至也。"江、黄，皆伯益之后，秦之同姓。参杜氏谓江、黄时附楚。则称人者，皆贬也。然则江、黄、秦，例当称爵，以鄙远故退之也。

四裔称人，则四裔未服为进之，四裔既服为贬退。庄二十三年："荆人来聘。"传："荆何以称人？始能聘也。"注："《春秋》王鲁，因其始来聘，明夷狄能慕王化，修聘礼，受正朔者，当进之，故使称人也。称人当系国，而系荆者，许夷狄者不一而足。"称人者，谓其有微者能堪朝聘也，故为进。又《穀梁传》："善累而后进之。其曰人何也？举道不待再。"注："明聘问之礼，朝宗之道，非夷狄之所能，故一举而进之。"朝聘者，礼之大，王化所系也。僖十八年："冬，邢人、狄人伐卫。"注:"狄称人者,善能救齐。虽拒义兵,犹有忧中国之心,故进之。"襄五年:"公会晋侯、宋公、陈侯、卫侯、郑伯、曹伯、莒子、邾娄子、滕子、薛伯、齐世子光、吴人、鄫人于戚。"传:"吴何以称人?吴、鄫人云则不辞。"是时吴例称国而不人。文十六年:"楚人、秦人、巴人灭庸。"巴之称人不详,或楚已服,而秦本诸夏,从而灭四裔,故称人也。

又僖三年经:"徐人取舒。"僖十四年传:"曷为城杞?灭也。孰灭之?盖徐、莒胁之。"僖十五年:"楚人败徐于娄林。"注:"谓之徐者,为灭杞,不知尊先圣法度,恶重,故狄之也。不月者,略两夷狄也。"文七年:"冬,徐伐莒。"注:"谓之徐者,前共灭王者后,不知尊先圣法度,今自先犯,文对事连,可以起同恶。莒在下,不得狄,故复狄徐也。一罪再狄者,明为莒狄之尔。"至于昭四年:"夏,楚子、蔡侯、陈侯、郑伯、许男、徐子、滕子、顿子、胡子、沈子、小邾娄子、宋世子佐、淮夷会于申。"注:"不殊淮夷者,楚子主会行义,故君子不殊其类,所以顺楚而病中国。"昭三十年:"吴灭徐。徐子章禹奔楚。"注:"至此乃月者,所见世始录夷狄灭小国也。"徐者,伯益之后,穆王所封也。范武子谓之四裔,盖以《檀弓》记其僭王也。然则称徐人,其正也。败例称师,称国者,以灭杞而贬也。若昭四年称徐子,与淮夷对,则所见世进至于爵也。至于吴灭徐,又称名以恶之。见《春秋》于徐,贬之而已,唯所见世示以治法。然则徐君颇能吊含负罪,可谓有礼乐焉。然则《春秋》书之不若吴楚,以其不服中国耳。

又僖元年:"楚人伐郑。"何注:"楚称人者,为僖公讳与夷狄交婚,故进使若中国。又明嫁娶当慕贤者。"此亦进之也。然则僖四年服楚纳贡,故僖二十一年经称楚子,称其爵,正也。故同年:"楚人使宜申来献捷。"传:"此楚子也,其称人何?贬。曷为贬?为执宋公贬。"此后楚君例称爵。故宣公十一年:"楚人杀陈夏征舒。"传:"此楚子也,其称人何?贬。曷为贬?不与外讨也。"又僖三十年:"介人侵萧。"何注:"称人者,侵中国,故退之。"僖二十九年:"介葛卢来。"传："介葛卢者何？夷狄之君也。"注："葛卢者，名也。进称名者，能慕中国，朝贤君，明当扶勉以礼义。"则二十九年进之矣，三十年侵中国，复退之。

人不若名，名不若字者。附庸例称名，故四裔进之称名，如附庸也。附庸进之则称字，邾娄仪父是也。若诸侯，唯通名于同盟，故卒而名之，正也；其余名之者，贱也。又诸侯大夫称名氏，贤则称字，亦可以观进退。

字不若子者，子于大夫则美称，若季子来归、齐高子来盟。于诸侯，则爵也。公羊用质，伯子男一也，故非有旧称，夷狄进爵则称子也。襄二十九年："吴子使札来聘。"传："吴无君，无大夫，此何以有君，有大夫？贤季子也云云，许夷狄者不一而足也。"然则四裔之称国称人，不称君名者，不足君也。以至此用贤，故与其有君，与其有臣也。然则吴楚之君，无称名字者，以其大国，不服则四裔，既服则称爵，无称名以朝中国之事耳。

然则四裔之贱者，或以州称，或以邑举，以不通名也。及通中国，则或以国称，或以氏显，各有宜也。人者，四裔之极称也，若我远国然。如服王化，则小国之君通名字，比于附庸；大国称子，所谓进爵也。故凡州、邑、国、氏、人者，犹不服也。既服之，莫不在名、字、子之列，而进退与诸夏同。若退诸夏，则附庸称人，诸侯称国（本应称师、称人、称爵而但称国），亦有贬爵，如杞是也。

通三统以救弊说

通三统者，通正统之统，非暴秦之闰也。前已论之。

又，通三统者，在救弊。故《白虎通》曰："王者设三教者何？承衰救弊，欲民反正道也。三正之有失，故立三教，以相指受。夏人之王教以忠，其失野，救野之失莫如敬。殷人之王教以敬，其失鬼，救鬼之失莫如文。周人之王教以文，其失薄，救薄之失莫如忠。继周尚黑，制与夏同，三者如顺连环，周则复始，穷则反本。"

然则今之言通三统，且不论言非正统，其救弊之说，可得闻诸？不知其弊，不救其乱，虽三代相沿，不能济也。

秦朝非正，秦则诸夏

昔见段熙仲先生以秦为狄，真诧为异论，亦无心考其由来。今见《中国之为中国》一书，又踵之以论中国，居然不得不辨。

段先生之论，似不过《公羊传》一语："秦者，夷也，匿嫡之名也。"其文不过谓秦不立嫡，故夷之也。其虽非礼，然以董子之言，亦在可以然之域，小过耳。且发于昭公二十二年，是时四裔且进至其爵。岂可忘新夷狄之严，而真以为狄乎？

又《春秋》谨始，秦之初见，僖公十五年："晋侯及秦伯战于韩，获晋侯。"传："此偏战也，何以不言师败绩？君获，不言师败绩也。"庄十年："以蔡侯献舞归。"传："获也。曷为不言其获？不与夷狄之获中国也。"春秋如狄秦，则例不重发，曾不为中国讳乎？且昭公二十三年："获陈夏啮。"传："不与夷狄之主中国，则其言获陈夏啮何？吴少进也。"然则《春秋》果狄秦，则理当重发，以其事大也。纵如吴进之例，亦当传之。且秦初见《春秋》，何进之有？

今又有以《左传》："初平王之东迁也，辛有适伊川，见被发而祭于野者，曰：不及百年，此其戎乎？其礼先亡矣。"而谓秦杂戎俗。且不论《春秋》之进退，论君子不论小人，昔者古公亦越在戎狄。《左传》下文曰："秋，秦晋迁陆浑之戎于伊川。"则《左传》之证辛有者，以陆浑戎居是也，岂谓秦居于是？

又引襄公十四年戎子驹支言："我诸戎饮食衣服，不与华同，贽币不通，言语不达。"以谓秦人自称诸戎。驹支自言："昔文公与秦伐郑，秦人窃与郑盟而舍戍焉，于是乎有殽之师。晋御其上，戎亢其下，秦师不复，我诸戎实然。"然则驹支以诸戎与秦人对举以说晋人，则秦人非诸戎，则诸戎所知，晋人所知也。且传曰："将执戎子驹支，范宣子亲数诸朝，曰：'来，姜戎氏。昔秦人迫逐乃祖吾离于瓜州。'"然则戎子者，时晋国附庸也，而论者谓之秦人。且纵令其为秦人，不过四岳之庶孽，而通《青蝇》之君子也。谓之华化可也，以证秦为夷狄，则驹支信乎？

且荀子之入秦曰："入境，观其风俗，其百姓朴，其声乐不流污，其服不佻，甚畏有司而顺，古之民也。及都邑官府，其百吏肃然，莫不恭俭、敦敬、忠信而不楛，古之吏也。入其国，观其士大夫，出于其门，入于公门；出于公门，归于其家，无有私事也；不比周，不朋党，倜然莫不明通而公也，古之士大夫也。观其朝廷，其朝闲，听决百事不留，恬然如无治者，古之朝也。故四世有胜，非幸也，数也。是所见也。故曰：佚而治，约而详，不烦而功，治之至也，秦类之矣。"（《荀子·强国》）

然则狄秦之论起于何时？我未暇考。然则昧而论之，冒而信之者，实不懂汉儒之闰秦朝也。秦者，诸夏也。秦朝者，无道也，闰朝也。诸夏无道，《春秋》谓之新夷狄，非固夷狄之谓。秦朝为闰者，无道也，亦不必《春秋》狄之而为然。秦者，蜚蠊、恶来之后，商纣之佞臣也。今人以商为东夷，而夷秦乎？然则商周，姻族也。秦伯，王臣也。受命为伯，为王驱除，虽后入于春秋，终灭于暴政。然当称霸西戎之时，则王臣无疑也。奈何疑之？且不论以今文物，则六国之狄秦，不过上无天子，而秦之礼制未若东方之僭侈而已矣！荀子之论古风，则渐已证之矣。六国自失其政，而后儒将踵其论乎？踵其论犹可，而谓《春秋》之义，则夫子何人斯？

君子德称

《白虎通》:"或称君子何?道德之称也。君之为言群也。子者,丈夫之通称也。故《孝经》曰:'君子之教以孝也,所以敬天下之为人父者也。'何以言知其通称也?以天子至于民,故诗云:'凯弟君子,民之父母。'论语云:'君子哉若人。'此谓弟子。弟子者,民也。"

或谓君之子者,误矣。臣之尊君,皆谓之公,故有公子,无君子也。大夫避君,自曰家主,则有长子,无君子也。故曰君子者,唯有君道之丈夫耳。然则君非道德之称,而谓之称何?孟子曰:"天下有达尊三:爵一,齿一,德一。"盖人之能群,必有以尊焉。有爵于朝,有齿于乡,其得尊也便,后人误曰君之子,良有以也。然则志士欲辅世长民,唯道德可恃,是以为君子也。

然为君子者,以道德而忘君道,亦伤本矣。

教　育

取 譬

初至巴郡,居室尚空。先在济南,网购不过普洱,店铺皆由一家,未尝留意。闻诸续断先生,器用多自网购,今感山城道远,亦无如坐待之便也。不期蜀道称险,邮资颇高余郡。问诸,亦曰比对而已矣。

今日普茶入门,而茶具未便,翻检网上,属图比价,不觉日昃。以我有考据癖为然乎?其诸天下购物妇人皆若是也?

然则暇日读经,岂出乎此道也?比照商家,犹辨读旧注也。观其信誉,犹考论真伪也。较量资费,犹损益古今也。求茶壶而得茶盘,犹开卷有益,温故知新也。论品色而与客服,犹以经解经,知行合一也。

然则妇人逛街,何异于经师之法?然则国人之购物于真伪难辨,品色各殊之日,以流连岁月,移之,亦焉不可为经师以述古,为科学家以格物?

至矣!大学之尚格物,道学之称格物!昔者,马先生于歌厅悟道。其诸物之至也,知有所得乎?虽小人,亦何异于是?不过或为物化,或为止处耳,其道则一,其复性则有别耳。

然则先王之作礼乐,所以使民不化于物欲,而移之于乐处也!

逛街之妇人,岂不可移其精致,以祖述旧章?营销之男儿,岂不可移其发奋,以精湛于科学?

其为道也则一,岂有难哉?恨无君子为之制作,以令中国容此贤慧之女,精进之男;恨无师儒引导,以令男女知其所止而已。

噫!以考据言之,予与购物者何异?业儒者,当知人知天,不止于章句之传销耳。

儒 生

儒生者,当为博物君子,文质彬彬,有任侠之气,能片言折狱者也。博物君子者,夫子言诗曰:多识于鸟兽草木之名。况夫子之后为圣人者,朱子也,朱子学兼汉宋,以成其圣也。儒生固有未能也。然而既曰学圣人之道,焉有圣人为之,而不慕之者乎?所谓文质彬彬者,文若颜子,质若子路,然后叩其两端而竭焉,以为中节,谓之彬彬也。故予曰有任侠之气,盖左史失明,而善书金戈。史公刑余,而称陈涉、刘项,作《刺客列传》。所谓片言折狱者,是非明而嫌疑决,以能断也,知仁勇之率也。

也论幸福

以字面讲,幸与福是两回事。幸者偶然所得也。如《周礼》"予以驭其幸",冢宰之赏赐虽然有预算,但毕竟是非常之恩,也正是取这种非常之幸,来激励群臣的超常规发挥。夫子曰:"某也幸,苟有过,人必知之。"圣人寡过,则足见其偶然性。然而福者完全不同。字形已经说明是事神所得,也就是所谓福酒之类。《周礼》曰:"凡都祭祀,致福于国。"凡事神,必受其福,又以归命,又以分人。而祭祀者受福之时,祝曰利成,曰嘏。利者,《易传·乾文言》曰:"义之和也。"嘏,《礼记·郊特牲》曰:"长也,大也。"可见幸者,他人所赐,一时之好也。福者,尽诚所得,远大之宜也。造此词以对应洋文者,便是无心,亦见幸、福二义于汉文圈之影响。便是今日俗语,如说老人有福,则谓子孙孝顺、老人和蔼、邻里揖睦是也。自道幸运者,感慨无常之中,偶有一喜耳。

论者谈圆满,谈高尚,亦谈幸福。然而非幸、福之本意也。所谓福者,本为事神所得。神者何?亦不过祖先及凡有功于人者。何以事神?礼也,礼者,履也。亦不过率由旧章,以承彝伦而已。至于论者之圆满、高尚、不朽云云,皆于自然之外,又设以目的,然后求之。而古文所谓福者,则不过自然而然所得也。所以得者,天地无私,鬼神至诚。《左传》论不朽,尝曰:立言,立功,立德。然而《左传》亦有晋知罃曰:"有以君之灵,累臣得归骨于晋,寡君之以为戮,死且不朽。"秦孟明亦然,皆以得归死于父母之邦为不朽也。而鲁季孙曰:"若以先臣之故,不绝季氏,而赐之死。若弗杀弗亡,君之惠也,死且不朽。则若得宗族不绝,死且不朽也。"楚子反曰:"君赐臣死,死且不朽。臣之卒实奔,臣之罪也。"则是以其罪死,死且不朽也。知此乃可言襄公二十四年,春,穆叔如晋,范宣子逆之,问焉,曰:"古人有言曰:'死而不朽',何谓也?"穆叔未对。宣子曰:"昔丐之祖,自虞以上为陶唐氏,在夏为御龙氏,在商为豕韦氏,在周为唐杜氏,晋主夏盟为范氏,其是之谓乎!"穆叔曰:"以豹所闻,此之谓世禄,非不朽也。鲁有先大夫曰臧文仲,既没,其言立,其是之谓乎!豹闻之:'大上有立德,其次有立功,其次有立言。'虽久不废,此之谓不朽。若夫保姓受氏,以守宗祊,世不绝祀,无国无之。禄之大者,不可谓不朽。"

则《春秋》谓之不朽者,从下至上言,得归老于父母之邦,以养子孙,以全乡党相恤之情,可谓不朽也,此一身之安也。若不得归乡,而宗族不绝,如宣子之谓者,亦可谓不朽也,则由身及家也。然后,得其罪而死之,不知其身首何处,不知其儿孙出入缧绁,而死得其所,亦可谓不朽,盖由家及国,而托身于义也。至于穆叔所对,则立言者载于右史,国人有颂焉。立功者载名太常,登于宗庙,与国并存也。立德者,后人感念,如勾芒、后稷,天下祀之。然则不朽者,亦自身家而达乎国天下矣!

论不朽者,似不当以穆叔而忘孟明也。穆叔者,君子也;孟明者,具臣也。然而不朽者,岂但圣人之不朽乎?

对周人而言,幸福需要的不是终极的智慧,也不是永生的预设。在周朝人看来,祖先(人鬼,也可称神)只是以不同形态(魂)生活于同一个世界上,以及因为形态的不同而产生了饮食起居上的不同而已。同样,孝子贤孙,或者穆叔一点,贤弟子门生,便是自己的延续……甚至这一切都没有,那么长存的义,也是他的托身之处。我们今天忧虑死亡,只是因为忘记了:君子曰终,小人曰死。死者,魂与魄俱澌灭。终者,体魄之事完成,而精神犹在,还会为后人所祭祀所效法。因为在那个时代,太古的先王一直被奉祀,便是绝后的诸侯,天子也会祭祀,以感念其功德。正如宣子所说,不朽,在当时并非是一个抽象的概念。而商辂、夏时，夫子及其弟子也一样可以讨论三代之礼。可以引用伊尹或者高宗，中山甫或者周任的言行事迹。

至于智慧便是幸福吗？且不说各家对智慧的认识不同，便是以各家推崇的智者而言，也有乐以忘忧，不知老之将至的，也有嗒然若丧其偶的，还有痛苦的巨人。

福，便是事神，事神便是尽人事，人事便是敦伦，敦伦便是"天下之达道五，所以行之者三。曰：君臣也，父子也，夫妇也，昆弟也，朋友之交也。"（《中庸》）

父子兄弟的意义，尽人皆知。如果一个人从小受父母虐待，按照精神分析，这一辈子也难逃阴影。若是做事让子女不满，则或高尚不足，或智慧不够，也谈不上什么晚年幸福。朋友之交，外国人也说了很多。那么夫妇，《左传》第一句话"惠公元妃孟子"便是谈元配。这不仅是今天意义上的第一位妻子，同时也应该是初恋。在今人，如果夫妇的意义还不足以代表幸福感的话，那么初恋会忘记吗？君臣，也就是上下级。夫子说："危邦不入，乱邦不居。"这是为了避开君臣不义的尴尬。古礼三谏不听则去之，那是古人高尚其事。还有毁方以瓦合，则是君子之为民请命。《礼记·缁衣》曰："为上易事也，为下易知也，则刑不烦矣。"曰："上人疑则百姓惑，下难知则君长劳。故君民者，章好以示民俗，慎恶以御民之淫，则民不惑矣。臣仪行，不重辞，不援其所不及，不烦其所不知，则君不劳矣。"这是君臣的意义。

在今天，纵有智慧，纵有修行，心中之事能放下吗？

因为五伦是人心固有的秩序，你可以不看重，可以刻意抹杀，可以用辞藻来遮盖世界，但不可能欺心。所以，孟子说："无恻隐之心非人也，无羞恶之心非人也，无辞让之心非人也，无是非之心非人也。恻隐之心，仁之端也；羞恶之心，义之端也；辞让之心，礼之端也；是非之心，智之端也。人之有是四端也，犹其有四体也。有是四端而自谓不能者，自贼者也；谓其君不能者，贼其君者也。"

福就在此，因为太平常，所以我们可以熟视无睹。但唯其若无，方是福。

　　至于智慧或者虚灵，圆觉或者混沌，彻悟或者无知，完整或者破缺，纵情或者中和，皆是幸。爱智慧多了，偶尔闲暇一下也不错，这就叫幸。或者另一些人懒散惯了，突然谈谈哲学，感觉也不错，那也是幸。当然，今天人也许用幸取代了福，所以陷入了危险。那就是幸是偶然的，也就是变动的，也就是异常的。所以为了捕捉难以捕捉的幸，要经常变化，要时尚，要新奇，或者反过来为了避免因为变化无常而捕捉不到，要静定，要淡漠。如果不幸太过投入忘却了家人朋友，那幸也就越来越少了。毕竟福，是幸的背景。所以，不要指责有些人不爱智慧，不求圆满而仍然幸福，人家不过是背景比较不错罢了（这里不涉及福的层次）。有本事，就让天下人的背景都好起来，一个人的庆幸算什么呢？

论抽象幸福

《也论幸福》因为涉及太多古典内容，所以被误会为反对抽象性或者超越性。但我认为智慧或者圆觉都是幸，想在幸中求福，是本末倒置。大家以为我反对抽象。不，恰恰相反。我谈论的正是抽象的人。以爱智慧或者圆满为幸福，如果对于希腊人或者佛教徒，那无可置疑。但是，他们只是具体的人。而我要谈论的不是具体的，从而简化为价值体系代表物的人，我谈论的是抽掉了这一具体属性的人。我要把古希腊人、古罗马人、古印度人、古中国人、古西域人乃至他们今天的继承者或者背叛者们放到一起，来抽象地寻找：什么是我们作为人而不是作为某种理论、某种传统的信奉者，所具有的福。那么人所共知，五伦就是他们最平庸、最常见的东西。请问，如果福不是基于这种共有、平庸、常见的东西，那还是福吗？至于爱智慧或者圆觉云云，那是幸。因为你首先幸运地认定了某种价值观，然后因为这种观念而又修炼到了充分的境界。你能够选择这样的价值体系本来就有相当的偶然性。如果是古代，且是文明交流之前的封闭乡村，那人的价值观不存在任何偶然。但今天不是这样的。考虑到大多数信仰者亦未必能够修炼到具体的您所拥有的足够境界，那么我只能说，您的爱智能或圆觉云云，只是您作为具体的人在具体的价值空间所得到的幸。我觉得，我们应当先学会抽象。我们谈论人，那就要抽掉种族或价值观的象。但既然是谈论人，就不要同时抽掉了人的象。

同样，由人修成了佛，或者从洞穴里看到了真理，在彼信仰者看来，也并不是什么超越。所以，我认为不必做过多的分别，或者说，超越完了，还是要回归本分。

古典学对家庭教育的启发

一、父道

父亲要讲原则,让孩子略带敬畏。这样孩子才有安全感,并以父亲为榜样。

父亲要会下命令,简单明了,考核有方。

理想的分工,是父亲把持原则,而母亲听取苦衷。这样在孩子心中,原则绝无妥协,权威不容怀疑,而困惑委屈也有人诉说,足以信赖。最不幸的状态,是父母相互拆台,这会毁灭孩子的一切规范意识,让他的世界观支离破碎,充满偶然与侥幸。或者说,母亲可以安慰,但不得违背父亲的权威。父亲可以亲昵,但不可牺牲自己的威严。

二、母道

母亲,含弘光大,厚德载物。知其雄,守其雌。通过佛法懂得清净也好,通过理学懂得天理也好,通过基督教懂得谦卑和赎罪也好,我们过去不讲什么心法或者原理,但母亲应当做到。

母性之关键在不得自专。在家教子则从夫,在外则从师傅。

如果说父道是命令,在母道是仪刑,是自己做到,和自己虽做到亦不加诸人,但令人默默感化而做到。

如果父亲是权威,母亲则是益友。

只有权威和命令，会被压垮。只有母性，则会漫漶不可收。前者塑造规矩，后者以柔韧。前者立大体，后者见细心。前者成就规矩，后者保证柔韧。

三、男孩子要刚强

家庭教育是为了传家。最现实的，也是养老。古典重男子，为传家耳。但如果男子不教，则莫说传家，养老都不可能。如果男人有成就，他肯定更注重自己的家庭、父母兄弟、岳父岳母。但如果他无能、懦弱，连自己的老婆都管不了或者说满足不了，那就别指望他养老了。

所以大家不要沉溺于听话、可爱的男孩之类的幻想，要想想自己的后半生。

男子有权威和服从权威的意识，勇敢和因为勇敢而直率，和因为直率的担当，是理所当然和值得表彰的美德。男子应给予简单明确的指令，从而给予他更多自己探索的空间，我们只予以监督和考核即可。

四、女孩子要柔韧

柔是逊顺，韧是道义。我们不必担心孩子学道义后会不会适应社会，而应当担心能不能真的学会道义，不是文字的，而是行动的。懂得道义，就是确立自己的原则，就是自身尊严的高贵体现，那她就不会因为无知或诱惑而被人侵害。逊顺，是说在不违背道义的情况下能够体恤别人、接纳别人、理解别人，能够退一步海阔天空，有了这个能力，也不会处理不好人际关系。自己不受侵害，而又能处理好关系，则何愁不能适应？

女孩大都听话，但听话不等于守规矩，守规矩要懂得思考，用规矩把自己的生活打扮得更美好，细节方面不要纠缠，要相互信任。

原则一定要有一致性。不要一方面不许早恋，另一方面又提供莫名其妙的书籍和过多的服装。另外，一定要产生一种信任，就是即便你反对的，如果她坦然说来，也不要失去理智。你应该充分表现出对这个错误的重视，但是一种宽容理性和惩前毖后的态度，体谅人的心态。否则她会越陷越深，而你充其量不知道而已。

对女孩，可以多一些选择，多一些共同完成、讨论、交流的任务。她们适合在平等互助的环境中学习。或者反过来，如果我们的教育不能增进其小团体的交流互助，从而把精力牵引到正事上来，女人容易陷入琐碎的争执当中。

五、男女特质

至少在进入青春期之前，女孩应该有自己的私人空间。古者女子的闺房，父母无故不入其门，更别说同辈男孩。或者在今天，也不妨说，如果你在家庭生活上不承认男女之别，那么在她的社会交往上，就别想要求什么男女之别。因为如果你要立规矩，就必须内外一致。如果不一，你的孩子就绝不会守你的规矩。守了，也只是因为善良或胆小，或未遇到足够的诱惑。

男女要分别排老大、老二。最糟糕的是姐弟模式。须知子虽幼，犹是长子。应当教育幼子，将来你姐姐就靠你了，而不是处处要求姐姐照顾溺爱你的长子。这种倒错，会造成男女的严重错位。你的长女将难以适应社会，因为这样的女子需要的只能是更刚强的丈夫，而你的长子会因为你女儿比母亲更无原则地溺爱而不成器。兄妹关系要好许多。古代的兄弟关系是男性关系，并不能延伸至姐弟或兄妹。同样父子关系也不可照搬为母子或母女关系，至少大家实际上都做不到。

也许我们对姐弟甚至兄妹的亲昵见怪不怪，或者，我们的女教师也是如此。但我希望大家意识到，至少，这会让当事人觉得男女关系可以如此。所以，男女七八岁开始，最迟十三四岁开始，应当避免肢体接触。父母老师亦当有此意识。

六、伦序

君、父、母、师,皆服丧三年,是最尊者。夫妇、祖父母、兄弟、朋友期,是其次。

古代强调以王父命辞父命。但这是命,而不是爱或溺爱。命是严肃的决断,带有权威和强制性。此外的祖父母、外祖父母对父母的日常教育的干涉并不合理。

八岁以上,长者优先,弟弟必须让哥哥,小学生必须让大学生。如果是姐弟或兄妹关系,依然以长幼为序。长者在得到后照顾幼者,叫作慈爱。幼者因为长者的赐予而心存感激,这叫恭敬。大让小的结果是不懂事的总是得利,大家都不愿长大,都希望继续无知、推卸责任和装嫩。正确的教育是:你大,就得负起责任。你小,所以没你的份。荣誉和责任是相称的。

七、替代

父子不相责善。这是针对古典父亲,而绝非现代父亲的。只是说父亲的权威应当带有无为、信任的温而厉的色彩。从礼制上,当儿子成人,尤其成家、服官政之后,就有了独立的尊严。这是为父必须承认和尊重的,否则儿子的家庭将丧失秩序了。

如果父亲做不到,要交给学校。父母必须首先信任和尊重学校,必须配合。如果现代家庭无法形成配合,可以将父亲的角色让渡给书院或私塾的老师。这需要老师和家长间的默契。

古者生子,有子师、慈母、保母。《礼记·内则》注:"子师,教示以善道者。"

在士庶人,则父正其德,母养其体。《穀梁传》曰:"子既生,不免乎水火,母之罪也。羁贯成童,不就师傅,父之罪也。就师学问无方,心志不通,身之罪也。心志既通,而名誉不闻,友之罪也。名誉既闻,有司不举,有司之罪也。有司举之,王者不用,王者之过也。"卿大夫则立子师教德，慈母保母养体。天子诸侯又有师傅教诲而少保护身。

八、共同的（略偏重男子）

简单、一贯、信任。

使命感。不管说为君子，还是做绅士，必须有一个明确的目标。要有一个超出世俗的信念。不如此，永远是俗人。灵俗的差别，在于俗人器小，而有使命感的人看到的世界和他们是完全不同的。

规矩。判断力，是非观，原则意识。然后人才能认识自己，进而发挥自己的潜能，进而本分，进而了脱生死，进而知天命。

受命、逊顺。只学习是非（仁义）的理论，是不能形成规矩意识的。需要有接受命令的训练。发布命令的意义，是简洁明确，没有啰唆，也不许怀疑。命令是指导，而不是包办，是放给他自己，而不是耳提面命。命令是权威，是父亲的角色，是判断力的施行和行动力的考验。人必须学会接受无条件、无理由的命令。如果命令不义，他可以争谏，如果不能证明不义，那就要执行。没有接受过父命的人，也不可能体会到天命，因为他不会有受命的概念。

责任感。在规矩、受命中养成。

行动力。不要沉溺幻想或飘飘然的道德自居。事情必须要做，还要高效，要干净利落。

毅力。如果遇到困难，能够坚持。

学习能力。行动力和毅力的由来。此处不指文本性学习。

九、具体的学业内容

（一）偏向女孩子的

家务，如烹饪、女工。

中医养生，是养人的基础。以上是技能，但不具备这个技能，就不可能成就道德。养人事亲，是实实在在的能力，心曰敬人，但饭不精、茶不美，父母公婆夫子病而无所措手足，则虽曰养人，必劳而无功。若是技能娴熟，则纵使一时心境不佳，不能婉容，而家人也不会介意，盖该做到的都做到了，家人也就容易清心。当然，修养也是必需的，烹饪养生茶道医疗，都是为己，不是拿来数落别人的。从这个修养的角度讲，大家最好不要把自己手头的长项给予什么道、觉的意义，这些不过是分内事而已。学泡茶，但不是茶道。学医术，但不要谈医道。学烹饪，但不要说什么治大国若烹小鲜。学洒扫，但不要说什么我干净男人都是猪。宁可朴素，不要自伐。同样，与人说话，多说技术性的，少谈空泛的。

训诂，经学方向的。继承上面的精神，不要自称什么读懂经典，能解释词义就够了（当然，我的要求实际很强，要求以郑注为中心的训诂，而不是随便什么字典小学）。最好的境界是为大家做字典，但不发表意见。别人眼中是一个个意见，你眼中是一个个字，和这一个个字的成住异灭、起承转合。

（二）男子

经义。不是要求经学，但大义要明白，知道什么是中国，什么是华夏。

治事：现代性学科，择爱好精进之。如果实在没有，不懂，择一爱好以精进之也可。

十、细节

人与人之间最好的状态是信任。信任是一个磨合过程。得到信任，大家相互轻松。要明白这一点，最好都守规矩。

有规矩，而不是顺从。有持守，而不是适应社会。没什么适应不适应，只有孩子自己守不守。

顺从要从自己做起。自己没摆正位置,牝鸡司晨,悖逆师长,则孩子凭什么听话?可以替代,但不能不正。

立简单明确的规矩,而不是漫无边际的所谓德行。从德行入手,而不是学习上苛求。孩子能孝,自然能顺师长,自然能顺长上。孩子乐学(自信乐观),则自然懂得自己,适应得了要求,就没有什么不适应的。若不能孝又不能学,则必不合于人,不通于社会。

人生必有一精进的过程,有一番成功的经历,有一番承受压力的艰辛,才能有长进。不要心急,不要刻意。人有自己的节律,只有自己慢慢来,并在这一过程中体验人生。

不是大义所在的事,不要下定论,不要立名目。一旦产生某种概念或念头,八成就会那样了。但如果看淡,原本不必有什么问题。

周礼学重要著作提要

郑康成《周礼注》，贾公彦《周礼注疏》

郑玄，字康成，东汉末经学集大成者，时称"经神"，其学以《周礼》为法典，《公羊传》为精神，以整齐百家学说，后世尊为"郑学"。其学自圣人开凿干度，至于孔子为汉制法，无所不包，后世遍注群经如朱子、郝敬（字仲舆）者，无不取法于斯。《周礼注》为郑学之核心，《论语注》《毛诗郑笺》《尚书注》《仪礼注》《礼记注》，皆以《周礼》疏通整齐之，而礼乐之用，因之益广。《周礼注疏》者，唐初诸儒援魏晋南北朝义疏而官定，以康成礼学重博物，故唐时三礼注亦颇攻于名物制度。

李旴江《周礼致太平论》

李觏，字泰伯，号旴江先生。皇佑初得范文正公举荐，庆历新政与有力焉。先生颇好礼，有《礼论》七篇谓："圣人者，根诸性者也。贤人者，学礼而后能者也。圣人率其仁义智信之性，会而为礼；礼成而后仁义智信可见矣。""礼与仁义智信岂并列之物欤？仁义智信者，实用也。礼者虚称也，法制之总名也。然而所以与仁义智信并列而其次在三者，意者谓虽有仁义智信必须以礼制中而行之乎？"本书分内治、国用、军卫、刑禁、官人、教道，以《周礼》郑注立论，而尚实学。如不羡井田，谓田野辟，人尽力为治，并因史乘以证水利耕作之事。如曰"理财之道，去伪为先"，然于桑弘羊之平准，管仲

· 202 ·

之轻重，李悝之平籴，亦主取以利民。又本书以经施政，实启叶秀发（讳时）《礼经会元》，郑节卿（讳伯谦）《太平经国书》，乃至丘琼山（讳浚）《大学衍义补》云云。窃谓此体例于今最切，学者瞩目之。

王荆公《周官新义》

王安石，字介甫，封荆国公，谥文公，熙宁变法之宰相。此书与诗书新义，为荆公取才之书，后来亡佚。就今存文字观之，亦中规中矩，不过以其字学略作发明，推求经书用词先后之人义而已。后世诟病荆公，曰以理财说周礼，则欲观荆公之学，宜于青苗、均输、市易、方田均税、农田水利诸法求之。唯注经有体，不能尽言，行政有权，未必经训，则存此书者，但求荆公胸次，谓周公不欺，富国有法而已。后学若能编次三经经解、新法条例，并以变法是非忖度其间，则无枉荆公之志矣。

俞寿翁《周礼复古编》

俞庭椿，字寿翁，南宋干道年间进士。本书谓冬官未尝亡，散在五官之中。其据一曰六官各六十员，而五官总三百四十二员，羡四十二员，必冬官杂入之也。二曰王制以司空役民，而地官当主土地之事，则力役地征应归冬官。于是重为编次，期见周公规模，后世谓之"冬官未亡说"。此说得朱子、真西山（讳德秀）称道，于是王次点、吴草庐（讳澄）、丘吉甫（讳葵）、何廷秀、舒国裳、柯乔可、陈子渊、沈林珍、金德温、徐献和为之演绎，各家虽殊，务在分职共官之理，而政教兵刑，地利营造之理愈辨焉。故冬官亡与未亡，本非的论，然寿翁创此一说，后儒有以穷理补阙，则于义理有功焉。

王次点《周礼订义》

王与之，字次点，南宋人。是书八十卷，自汉唐旧注，至宋时新解，采凡五十一家，存录宋学，居功至伟。如陈君举（讳傅良）论六官所属交互："是故号令所出，宪章所存，五官皆与闻之，无偏而不举之处，故三朝适平，而百官正，先王之意，非徒以是互相伺察，迭为长伯也，不如是非所以体群臣故也。"此说远胜权力制衡之说，颇见分职联事之义，至今切要也。又宋儒谈经，多参汉唐，如《太平经国书》，而能比附经文之下，以史明经，则始是书及体陈君复（友仁）《周礼集说》，盖开风气之先，以启宋明学风者也。是书循冬官未亡说，但一仍旧文，附论而已，可谓慎学。

传吴草庐《三礼考注》

吴澄，字伯清，号草庐。是书真伪颇有争议，窃取其批注简略，初学入门，可以一目了然耳。其中，《周礼考注》有单行本，从冬官未亡说，以地官主教，将无关教化之地事地役之官皆移冬官。则真伪与否，此书皆冬官未亡说唯美之作，亦因其唯美，后儒反不敢尽信冬官未亡之说。

唐惟中《周礼因论》

唐枢，字惟中，号子一，人称一庵先生，嘉靖间进士，授刑部主事，此书刻于隆庆六年。嘉靖复古，颇重周礼，凡庙制、祭祀、礼乐、荒政、昏礼、医局，一准周礼以议。张文忠请以周礼、仪礼策士子，礼部令天下立小学习周礼。帝之元子，因补试周礼而告庙。儒士李如玉，以献《周礼会注》得冠带。故此书虽只一卷，然其中师生问答，论宋来诸注，并通典、唐制，令人想见盛世之学也。是书颇驳《三礼考注》，主张原经分官，谓地官主教，必主民之官，然后能教于日用也。地官司徒，必教以行之，然后为政不失子谅也。令学者于周公之心，三致意焉。又弟子问和布，曰："这是与民同体，须能和于民，才可为民极。周之所以为王道，全在这和这极。"弟子问封建，曰："六典以简御繁，公天下以为民极。而谓私其土，可乎？"曰："岂籴粜赊贷之法，后世之必不可行？常平青苗在慎之而已。"

魏庄渠《周礼沿革传》

魏校，字子才，号庄渠，嘉靖间名宦，此书仅天地二官，春官未竟，盖先生仕优治经，著述多启大概，以付弟子而已。本书主考职官沿革，并论得失，实综宋明注家之大义。此体例甚重要，后世限于传注，无专用心，学者当有以续之。

王昭明《周礼传》

王应电，字昭明，魏庄渠弟子。尊《周礼》原经，而不录《考工记》，后附《周礼·翼传》自拟以补阙，如曰："羲和历象授时之职，古称左右史，而老聃为周柱下史，于天文为柱史。今五官皆无其人，盖冬主事，故记事自宜属冬。故冬官当有左史书言，右史书动，与内史之策命，而总属诸柱下史。"又若死人之终事，水泉鱼盐之水事，皆当有专官掌之，则以为冬官之属是也。又附《周礼图说》于井田、洫沟、兵制加详焉，又有深衣、玄端新解，以《仪礼丧服》适博四寸说领宽，带下尺说接裳处，今见明时文物，盖颇有从之者。是书长于考证，如冕无后旒，大裘为衮冕外素衣之类，后世有重复者，而不知先生言之矣。

郝楚望《周礼完解》

郝敬，字仲舆，号楚望，万历间进士，遍注群经。是书为冬官未亡说之终结者，盖曰："周礼法天地四时而有六官，然则天地之运成于五。且四时唯冬无事，造作皆有地官，故冬官不得不缺也。然则百工器物司空不得不任，而就非设官之属，故考工亦不得不补。"盖以周礼取法五行，五官本是完璧，故曰"完解"。又以冬官但考工艺，不在职官之列，而五官因考工而备。盖学派之兴衰，必能入室操戈，然后服之。虽然，先郝氏者，有陈子渊（讳深）《周礼训隽》亦发冬官"空虚不用""有官无职"之论，但仍何椒丘《集注》以深讥之，体例未正，予亦未见响应。至于郝氏一呼：原有法象，而后世张嘉玲《周礼说略》应之，且郝氏遍注群经，清初学者多从之，故举是书云。又是书曰："冢宰为宰相，但不欲其专制，故六卿分职，三公三孤非在六卿之外。古者道与事，政与学为一。公孤兼任事，非如后世分为二，而持清议。""周官之秘在司空。精神全注于冬官。夫人日用而不知者，惟器为然。朝廷之事莫非工也，国家之用莫非器也。工以人代天，器以用前民。"盖明体略用，志道远器，宋以来尚矣，此说至今有余音焉。

王平仲《周礼注疏删翼》

王志长，字平仲书，万历间举人。是书周礼之梯航也。自汉唐家学、荆公新义，至于冬官未亡、补亡、全经之说，宋明典制、政论、性理之学，虽非占毕尽举，贵在强而弗抑。一册在手，千载可知也。予为之重刻并序。

孙籀庼《周礼正义》

孙诒让，字仲容，号籀庼。是书为清学集大成者，名曰《正义》，不与唐《正义》同论。盖唐《正义》曰"疏不驳注"，本书则指点郑注颇多。如经礼三百，曲礼三千，郑注以经礼即《周礼》，三百即设官之大数。本书乃谓汉时"礼经"谓《仪礼》，"经礼"但指《仪礼》。此盖清人受于朱子，特重《仪礼》，知汉初礼经之说，而不顾康成以《周礼》为经，且发有礼体之论，若唐正义，则皆能分辨。此盖宋学以来，务博非古，故不能专受一家也。本书多引群经、诸子，并小学、金石，以释经文，如引墨子明鬼事说盟诅。又有疑经之勇，若曰："甸师得为兽人、人之长，或下士当为上中士之误也。"若用王曼卿说，谓腊人之府二人，史二人为衍文，唐石经已然。又如大宰九两，谓牧为邦国之君，长为官长，盖从宋学，不用郑注也。又如用江慎修说："天子不食诸侯"，亦与郑注反对。则此书法则思辨，皆出宋学而加密焉，非汉学也。

孙籀庼《周礼政要》

此书列经文郑注，然后论列史实并以西法以成定策。如口税引九赋及郑注，以证历代丁税，彼《正义》则九赋犹地税，九职犹丁税。

盖此书主于议论，不在考训，然则焉知康成不废口算者，不谓经国牧民当有此政乎？故此书虽似相悖，实则相成也。若黄公度（遵宪）《日本国志》，熊逸翁（十力）《读经示要》，亦颇示《周礼》与西法可通，而富国实赖焉。今之学者，可不景行？

礼乐精神与治学方法

过去对礼有两个常用的训法，一个是"礼者，履也"，另一个是"礼者，体也"。《说文解字》说："礼者，履也，事神以致福也。"那么，"礼者，体也"，也是因为在古音当中二者的发音比较接近。我们在《诗经·硕鼠》里边也可以看到："相鼠有体，人而无礼"，这里就是"体"与"礼"相对言。那么，"履"字还有更明确的说法就是履卦，履卦讲的就是礼，"履者，礼也"。古时因为"履"和"礼"声音相近，所以形成互训。我个人是治郑学的，郑就是东汉的郑康成。先师讳玄，字康成，在郑康成的注里面提到"统之于心曰体，践而行之曰履"，"履"指的是我们要去奉行它的。"统之于心"在今天可能会产生很大的误解，因为今人在探讨经典的时候往往是会受宋明理学的影响，如想到用心去领悟这样一种礼的精神，或者说天地和谐，或者这样一种道。但是在康成的后学，就是过去为康成的三礼注作疏的疏家那里，他们是有明确解释的。当时，贺玚解释"体"有两种，有"物体"，有"礼体"。"物体"指的是世间的万物是有卑贱、高下、小大、文质之别的，即《尚书》上讲的"维齐非齐"，《孟子》讲的"物之不齐，物之情也"。也就是说，物与物之间是有差别的。这种差别是客观的、普遍的，而且是到处都存在的，每一种物都是和别的有所区别的。"礼体"就是指先王通过对物体的体察来制定礼，使得万物虽然不齐，但是最终能够各得其宜，这个也比较类似于《礼运》上讲的"大顺"，或者《中庸》里的"道并行而不相悖"的状态。这是礼的精神，也就是说万物本身是不齐的，我们的理想并不是强使之齐，而是使得他们能够各遂其性，并且能够各得其宜，天下因此而有大顺。这是当年先王制礼的根本，"统之于心"说的是先王把天下万物之礼统之于心，然后依此来制定礼法，然后形成礼。所以，在《礼记》中有一句孔子的话："夫礼，先王以承天之道，以治人之情。"首先这里有一个主语，是指我们当年的先圣王，就是尧、舜、禹、汤、文、武、周公，就是《中庸》所说的"祖述尧舜，宪章文武"。至少从尧、舜、禹、汤、文、武、周公到孔子，我们一般统称他们为先王。其中，周公在汉朝被认为是摄政称王，然后孔子是自号素王，然后作《春秋》为天子之事，所以他们都有王者的风范，都有王者的作为。那么，礼在于先王能够体察天道，这是一个方面。如果说我们只是体会这样一种道的话，那么它往往会造成一种悬隔于人间的东西，成为一种太纯粹、太抽象的存在，礼更重要的是它同时是用来治人之情的。也就是说，我们一方面秉承天道，但另一方面又把天道落实到具体的人身上，使得它是能够适应于人的。这样使得天道与人情能够相得，也就是说大家能够各得其宜，那么这个是礼。从这个角度来讲，一般我们谈到礼的话，它是一种天道与人情综合的状态，它基本是这样一种承载我们的理念，能够实现万物各得其宜，从而天地和谐、天地人相参的一种境界的内容。所以我们一般说，儒家重视两个概念，"仁"和"礼"，大家如果读《左传》，这两者是经常被提到的。

乐和礼是有很大区别的。当我们提到礼乐的乐的时候，往往要与诗相提并论，因为诗在古代至少到孔子那个时代，它是合乐的。也就是说，过去的《诗经》大家是可以唱出来的，其实像唐朝、宋朝他们写的诗词，在那个时代也都是唱出来的。今天在中国，这似乎已经失传了，但是也有李雪庐先生传的，他说是从唐朝传下来的律诗和绝句的一些唱谱。我们今天也有一些学子在学，有一些具体的诗篇在日本和韩国还有人会唱。《诗经》时代人的性情也是比较活泼的，所以说诗和乐经常连在一起被谈论。如果我们从一个技术层面上来探讨乐的话，一般又会谈论"声""音""乐"这三个概念。过去按照郑注："单出曰声"。也就是说，当我们有所感慨的时候，我们有所叹息,它是一个固定频率的声音,这个东西叫作声。然后"宫商角徵羽杂比曰音",这个音比较接近我们今天汉语所说的音乐。因为人有这样一种感情,我们会发出各种音,经过整理之后,它有不同的音节。音节通过特定的排列,能够更好地表达我们内心的感情,这样一种音的排列所形成的一种旋律,我们就把它叫作音。"乐"是什么呢?和大家现在经常讲的音乐有所不同,这个乐是指在音的基础上,再假之干、戚、羽、旄,我们加上更多的装饰,我们穿上特定的服装(在周朝应该是穿玄端,在明朝会穿红色的圆领袍)。"干"是指当时的盾牌,"戚"是斧子,它是作武舞的时候使用的,"羽""旄"就是《诗经》上所讲的"翟"和"龠"。"羽"就是野鸡翎,在当时人们认为野鸡的羽毛具备五彩,很长,在明朝的时候一般是穿一根杆,在杆上有个龙头,然而再伸出三根野鸡翎来,以显示古人对于文质的诉求。"旄"是指杆上用一定的动物皮毛做装饰,一般来讲是"右手秉翟,左手执龠"。除了羽毛之外,一般还会拿一个乐器,我们称之为钥,也是古代的一种乐器,以此表示天下的文质是在于以这种钥所代表的这种文的。这是古代所讲的乐,它可能更接近于我们今天讲的歌剧。因为它会有更多的表现,不仅是在唱,而且他们会有比较大的阵势。比说他们祭祀先师孔子,按照明代嘉靖以后的制度,是用六八四十八人,也就是所谓的六佾,大家各自列队之后,"右手秉翟,左手执龠",一起顺着音乐,在八音合鸣的伴奏之下,大家前进、后退,做出揖让、鞠躬的各种动作,然后表达乐所要表达的主题。

如果我们从它的义理上谈的话,"声"叫作"情发曰声"。人发出这种特定的音调来,它是与人感情的流露有关系的,这种声音是我们"情动于中,而发之于外"的体会。那么,"音"是"声成文",就是当我们有了感情,我们会很自然地希望把它表现出来。过去的诗,如果不去跳舞的话,基本上就是声和音,也就是说它是音的一种状态。在当年子夏的《毛诗·大序》上,他谈论《诗经》的时候说"诗者,志所之也","在内曰志,发之曰诗","情动于中而发为言,言之不足故嗟叹之,嗟叹之不足,故咏歌之,咏歌之不足,不觉手之、舞之、足之、蹈之"。也就是说，当人有了这份感情的时候，他自然会找一种方式来加以表达。如果是动物的话，它可能发的是纯粹的声音，然后通过声音的起伏（来表达）。但我们是人，我们是有言的。首先我们会遣词，用诗也就是文字来表达我们这份感情。如果用这份文字不足以表达这份感情，那么我们就会咏歌。"咏歌"也被称为"长言"，我们会按照自己内心的起伏、自己的感情，或者感情下所寻找的那样一种旋律、那样一种契合，而把我们的声音拖长，从而我们是按照一种音调，像后世的一个曲子一样去用我们的文字表达出来，那么这个叫作咏歌。如果说咏歌还不足以表达，那么我们不知不觉会"手之、舞之、足之、蹈之"，我们的身体也会跟着动起来。这是在《毛诗·大序》上谈论诗的状态，在这里音也可以说是如此。现在我们谈论乐，乐和音有什么区别，音到这里即便到了咏歌舞蹈的地步，它依然是每个人都可以做的，古人的情与表达是比较通畅的。比如说我们今天在这里听课，大家是坐在一个拥挤的教室里，每个人必须正襟危坐在自己的椅子上。古代我们读《论语》都会读到，这个一般是二三子侍坐，或者说大家一起在郊游。如果我们读《孝经》或《礼记》，我们也会经常读到，如果夫子说到一个非常重要的事情，曾子会避席。我们读《汉书》也会知道，当年文帝请教贾太傅（贾谊）的时候，也是半夜不觉前席，甚至说到了膝盖相碰的地步。也就是说，古人的这样一种生活，他的情与他的行为，相对而言他们表达得更自然一些。当他意识到老师在讲一个非常重要的问题的时候，他会起身，他会觉得自己不敢安坐在这里来听如此重要的事情。如果他需要请老师进一步发挥的时候，他会前席。如果他认为自己在感情上需要老师进一步展开，那么他就需要在空间上进一步地靠近。如果老师这个时候提到一个比较宏大的叙事，比如说先王之道，老师要阐述当年文武之治，那么这个时候学生可能会觉得这是一个如此重大的话题，他不敢这么亲近地站在老师的身旁，他要往后退，一直退到墙边，这样他才敢在那个地方安于承受这么宏大的一个叙事。那么，这是古人所拥有的情。如果我们参考这一切的话，就会觉得《毛诗》上所讲的诗的这种状态，或者说这样一种从咏歌到"手之、舞之、足之、蹈之"的状态，对于古代的中国人而言是比较自然的。这一切其实都可以划到音里面，它是每个人都可以做的。我们今天的人如果努努力，其实也可以做到，当然在今天做可能会觉得有点古怪了。

乐和它有所不同，从器物上来讲，它是指"五音杂比"，它要假手干、戚、羽、旄，它要有更多的东西，这个东西不是说某人想起来，就可以从什么地方扯出野鸡翎，然后大家跳一跳，这是不可能的。它拥有一种庄严的性质，因为这个缘故，乐在过去会被寄予更多的表达，它更多会使用在礼仪场合。"乐者，通伦理者也"，因为它必须要依赖于物质的基础，这就不是平常的士庶人可以在一般的感情来的时候，可以去做的，它就需要国家有一种特定的支持，并且通过这种乐来达到一种伦理的教化。需要注意，"伦理"也是一个我们至今在用的词。古代训的时候，"伦"指的是类，"理"指的是分（fèn），"类"或者"伦类"指的是我们人与人所共同的东西，"分"是指的基于我们这样一个共同体落实在我身上，我再去扮演一个怎样的角色，这是"伦理"的意义。就是说它是作为一个人群，然后在人群当中具体到每一个人，他应该去如何实现自己的这样一份道义，它包含这两个方面。乐就是通过这样一种比较技术化的东西，来使得大家能够去懂得这个伦理，这是一般的概念。

如果仔细读《乐记》，我们会发现其实乐和礼是有不同的。礼是一个天地的秩序和先王对于这样一种秩序所制定的成法，是大家可以通过遵循而达到和谐的。但是，乐是基于人情的。我们谈到乐不要忘记，它的基础是音。从文字上我们是讲一个是诗，一个是声音，而无论是诗还是音，它都是情动于中而发之于外的一种表现，也就是说乐是和人的情有着很大联系的。而人的情是怎么产生的呢？《乐记》上说"人生而静，天之性也，感于物而动，性之欲也"，"物至知知""好恶形焉"。《中庸》讲"天命谓之性"，我们成就的是我们的人性，"性"是善的，这个汉儒和宋儒是完全一致的。在汉儒那里认为性是属于阳的，阳走向的是一种仁。具体来讲，"仁"分为五常，也就是仁、义、礼、智、信。而"情"呢，在汉学当中，《白虎通》认为是属阴的，这样一种情可能会流于贪慕，所以说它可能会有弊端。

　　当然汉儒一般并不认为这样东西是恶的，但是会说"情"可能会流于这样一种贪的情绪。中医也讲七情（喜、怒、哀、思、悲、恐、惊），《中庸》也讲"喜、怒、哀、乐"等的。总之，不管我们讲七情还是把它简化为五情，还是做一些减省的区分，这个"情"一般就是指的是我们今天所说的情绪。而乐的基础是音，音是产生于人的情绪的，而情绪是感于物而生的，也就是《乐记》上所说的"物至知知，然后好恶形焉"。也就是说，外物被我们碰到的时候，它来到了我们这里，然后我们就会不断遇到各种各样的事物。人就是生活在事物当中的，你不遇到事也要遇到物，你不遇到物也会有事。你说自己去静坐，这也是一事，你的情绪会不断地去涌现，哪怕你要求的是一种虚极静笃，虚极静笃本身也就是你的一种追求，它也是一件事。那么随着物的到来，人就不停地调动自己的心志，这就叫作"物至知知"。"然后好恶形焉"，而人的这种好恶，就是随着物的到来而产生的。在《乐记》看来，"物之感人无穷而好恶无节，不能反躬，于是天理灭矣"。也就是说，因为外物对于人的物是不断涌现的，而人的好恶呢，如果说他没有足够的学识，他没有足够的格物致知的能力，那么他又难以自己去平衡它、把持它，这个时候就会造成人化物的危险，然后"人化物者，灭天理穷人欲者也"。那么，他就会泯灭上天之道，使人与天所赋予的命，人的这样的性相远离，又会使我们的情和它严重的具体化的东西，也就是欲慢慢地纵恣，从而破坏掉了人自身的性，当然也就破坏掉了这个世界本来应该有的秩序。这是人的一种必然，这个必然是因为我们是人，我们就是有性的，也就是有情的。我们就是生活在一个物的世界当中，这个世界的物就注定了要不断去来，然后人就会不断地被物所感。如果说他的好恶不能节制于内，那么他很容易陷入这样一个人化物的可怜的境界。我们说一切的宗教、伦理，不管是哪一个民族、哪一个文化的，其实很大程度上都是在对抗这个东西，它希望我们获得人类自身的一种自主，获得我们人的性，而不是说我们完全被物所牵制。既然说人之好恶无节，那么该怎么做呢？先王为之节，叫作"是故人为之节"，这个"为之节"的人也就是古代的制礼作乐的人，也就是先王了。这个"人为之节"的方式并不是一种禁令性的，而是说先王之道认为人注定要被物所感的，于是先王就开始假手干、戚、羽、旄，然后通过礼乐的方式塑造一种正的、能够通伦理的东西，让人们被感动。我们知道人是注定为物所感的，那么这个"感"因为人的好恶无节，所以人有可能会走向善，也有可能会走向恶。先王并不是说这种"感"的危险就一定是恶的东西，当然我们也知道它也是本之于天然的东西，那么我们也不可能把它消灭，该怎么做呢？我们要为之节，我们要提供一个正的、通伦理的东西，那就是乐。

所以因为这个缘故，古代讲"功成作乐，治定制礼"，当前朝的秩序出现了种种流弊，天理不能伸张，人欲得以纵恣，于是不管是放夏桀还是诛商纣，我们当年的圣王通过这种方式来恢复天下的秩序，然后我们要做的就是"功成作乐，治定制礼"。"功成作乐"首先要把握住百姓，作乐是放在第一位的。也就是说，我们如果看当年周朝兴起的事迹，那么他们的制礼是放在最后的，是周公摄政七年之后才制礼的，它很晚。而作乐呢？我们今天在《礼记》当中经常提到的有文王之乐、武王之乐，武王之乐称《象》，有周公之乐，周公之乐作得比较早，在《诗经》里边那个《酌》可能就是。那么，作乐为什么要放在前面呢？就是因为乐这个东西是最容易感动人心的。

当人们面对"物至知知"的"物至"造成的种种问题有两种应对方式：一种是先王作乐，就是乐教；另一种是《大学》中提到的，就是"格物致知"，但是这两种方式是有不同的。

乐是可以行于乡党的，就是说在古代我们行乡饮酒礼，这个饮酒礼一直到明朝都保存着。当然明朝做得怎么样我们不好说，但是它的原则是，天子与他的群臣一起飨宴，然后天子也会行养老礼。古代的天子要养三老五更，因为天子的父亲去世了，他就选一位比较有德行的大臣作为三老（"三老"指的是一个人）"父事之"，对待三老就像对待自己的父亲一样；"五更"是另外一个人，天子对五更"兄事之"。通过这种方式，从天子就开始做起，要表现对父兄的尊重，对这种伦理的尊重，然后要求诸侯在他们各自的学宫都要进行这种类似的仪式，然后一直到下面的乡，到比、旅、族、党，也就是说下层的乡间也要有相应的仪式。这种仪式主要有三种：一种是"农闲时节斗酒自劳"，这个大家读《礼记》的时候可以看到；另一种就是养老之礼，对老人的尊敬；还有一种叫作"宾兴贤能"，就是我们对村子当中的年轻人，他比较有德行，做事比较可靠，于是我们就加以表彰，把他请为宾客，来表达我们对这些贤能的尊敬。这些活动都是基层的教化，在这个教化上我们都会奏乐，我们通过乐来感动他们，使他们懂得伦理。这个叫作乐教，这个是对所有人的，是可以行之于庶人的。

而"格物致知"呢，是要求我们遇到物的时候，你作为一个有志于学的人，你就会尽力地去了解它，了解它这个物的善、恶、吉、凶，了解它的终始趋向，从而使得你能够趋吉避凶，能够择善而弃恶，能够终始如一"慎厥终，惟其始"，这样才能够成就一种君子的知类通达的能力。其实这个是教于太学的，不是一般人能够做到的。因为考虑到这一点，所以当一个王朝建立之后，首要的是先作乐，作乐是为了让百姓获得这样一种影响，从过去商朝的沉湎于酒，到渐渐地懂得怎样尊敬老人，怎样有所节制。然后"五帝三王为其学"，他们都会立学，把学校制度建立好，即从小学到大学这样一个教育体系。当先王的治理大体安定下来，当周公意识到那些商朝的遗民大体能够接受一个新朝的秩序时，他才去制定礼法。

总结一下，乐是一种本之于人情的东西。一方面人的情容易流湎，另一方面它又是一种客观的东西，它也可以被鼓舞为一种善。所以乐的价值就在于，要用大家喜闻乐见的东西把人的善给鼓舞出来，使得大家不必找恶的东西去消遣了，这是乐的精神。所以相比于礼而言，乐是有点危道的，它是有一点危险的，因为它针对的是人所固有的一种情。如果说你做不好会出种种问题，这个问题我们在《乐记》里边一般是对照礼的，当然它谈的时候会把礼和乐的区别有所对照。我们一般来说"乐者同也"，那么"礼者主异"。乐最终的效果是什么？就是它演奏的时候，大家都可以听到，它通过干戚羽旄之美，通过旋律的感人使得大家都能够有所感动。所以说它一般的意义是主和，强调凡是在座的人，大家不论地位的贵贱，不论年龄的老少，大家都可以听到，大家可以同享，可以共乐。乐是一种同的精神，它使得大家能够和睦地聚集在一起。

那么，礼呢？礼强调的是大家的不同，每个人的分（fèn）是不一样的，所以礼是主分（fēn）的，这是它的一个基本特征。这样就会造成礼和乐各自的变化，因为乐是基于人情的，所以"乐胜则流"。因为乐太容易吸引人，就像《孟子》上讲当时的齐王好世俗之乐。桑间濮上之音、靡靡之乐那么地吸引人，是因为乐极人声之后，它非常容易调动起人的感情。这个感情在最初调动的时候，可能它谈的是一种民风，也许就是所谓的"郑风淫"，它最早也不过就是类似于我们今天说的十五国风，是取自于民间的某种乐曲。但问题是当它一旦极音之后，一旦把音充分地发挥出来以后会造成人们对它过分依恋，然后人们会沉溺于此。这有点像是饮酒一样，这个酒本身是一件好东西，它能够使人变得更真诚，大家能够畅所欲言，能够增进人的友谊，酒也是主和的，但问题是大家一旦喝多了，那么就不能够控制自己的行为了，也许反而会变成乱。乐也是这样。礼也有它自身的问题，礼主的是每个人所各有的本分，所各自要承载的责任，如果说礼谈得过多，那么就会"礼胜则离"。因为礼它主的是人对自身的撙（zǔn）节的，是一种退让谦逊的态度。如果你谈得太多，整天用礼去约束人，就像有一些学校拿《弟子规》去约束人，到最后他的内心会承受不了这样一种不断的责令，或者我们后来人反省礼学往往待人太苛刻，这样百姓内心会慢慢地受不了，这个叫作"离"。这是礼乐都有的各自特色和它们需要我们注意的可能出现的弊端。

我们认为，礼的关键是我们要制礼。但同时呢，礼又能够进，以一种进的态度去对待礼，不是说我们都是退让。退让是个人的退让，但是从一个整体，大家通过我们的友谊，通过我们的伦常秩序，使得我们的关系能够增进，这才是真正的礼。那么乐呢，对应的要知道返。就是说我们不是把音发挥到极致让大家整天听，不断推陈出新来讨好人诱惑人，于是整天沉浸在当中，或者说一个乐曲听很多遍，或不断地有种种的乐曲使你的所有欲望都可以得到开发，都可以得到满足。如果大家不够警惕的话，就会整天沉浸在其中，而耽误了自己的生活。如果说这样的话就叫作"流"，也是非常可怕的。古代讲的雅乐就是要知道返。也就是说，一方面它唤起人的感情，这种感情是让它归之于一种庄严，归之于一种人与人之间的和，使得我们意识到我们也有父母，也有我们的国家，我们拥有一个庄严的事业等，这个叫作和。然后还要能够返过来，在那一刻乐会结束，然后大家把这种"同"的精神、"和"的精神用到我们的生活当中，而不是说从生活当中脱离开去，完全变成音乐的一个部分，这是古代乐的精神。因为这个缘故，我们当时讲清庙之乐，那么它叫作"朱弦而疏越，一唱而三叹，有遗音矣"。"有遗音"的"遗"是指的不足，就是说仿佛它没有完全把音乐的优美给发挥出来。这并不是说那个时代的人在宗庙，这种最高的音乐场合，不能够做到尽善尽美，不是的。而是说古人知道在这里面我们所贵的不在于音它自身的诱惑力，所以它使用的"朱弦而疏越"。清庙之瑟是它用的乐器，瑟用的丝是熟丝，它的声音更小，下面的传音孔开得特别大，那么它的声音会变得浑浊。今天的古琴会比较接近这种状态，在唱词的时候也只是一个人唱，三个人和，而不是说形成那样一种非常宏大的气势，然后使得音乐盈耳。古人认为这样一种有遗音的状态，恰恰是作为一个雅乐所应有的，也只有这样的乐才可以奏之于宗庙当中。

今天，我们应该如何处置礼乐？礼和乐的区别和它们的利弊，是需要牢记的。大家以后读一读《乐记》，自己去体会和记忆吧。《论语》上孔子讲的"兴于诗，立于礼，成于乐"，这个其实是一个非常好的概括。

"诗者，志所之也"，"在内曰志，发言曰诗"，就是说我们内心有感受，于是自然会用文字把它表达出来。古人讲诗与我们今人是有所不同的，我们今天一谈到诗，尤其是古体诗，就必须要有押韵啦、平仄啦等，又认为伟大的前贤把这种艺术已经提高到了极致，然后我们只能望而生畏。其实古代的诗很简单，就是我们有感情后，我们会把它写下来。如果说一个人不是太笨，作的诗也可以有所押韵。尤其在古时候，我们的语言会相对比较纯正一些，不像今天很多多音字，我们看起来很容易念错，古代的时候相对而言会比较稳定。我原来有一位苗族的朋友，他说他们苗族的人在说话的时候也是强调押韵的，他们认为如果某个人说话不押韵，就会感觉和那个人聊天没意思。那我们可以想见，当年我们的先民、我们的祖先应该也是那样一种状况，当然后来因为我们这个国家地域的流动，我们是如此的广土众民，所以说文字的发音产生了种种变化，所以我们今天不好做到押韵了。但是如果大家稍加注意，也不是非常困难。首先诗的意义是要表达自己的起兴，你的兴致何在，感动你的东西是哪里，你把它自然地表达出来，当然这是第一步，下一步可能加一点修饰，文的东西，然后再下一步，如果能有一个返，如我们出现情绪了，然后再能够返之于礼，那就太棒了。那就有了《诗经》的意思，这个是诗。

"立于礼"，因为礼的好处是它明分，它知道我们每个人的位置、每个人的本分和我们每个人该做什么，这个有助于我们更细致地、具体性地来理解自己。如果我只是求一个道，大家说一说我知道是怎样怎样的，这个我们在《春秋》里面也看到过"某之道如何如何……"。但如果说只是说一些比较大的东西，那么我们做事的时候，还是比较无所措手足的。而礼会告诉你比较明晰的（东西），比如过去讲"为人子，止于孝，为人父，止于慈，为人臣……为人君……"，他们都有各自的规矩。那么你在这个位置上，你就必须要做到，这个叫作礼。然后夫子说这是"立于礼"，因为当时人认为只有这样，你的人格才能立住。但现在的人往往不把礼作为立身的基础，觉得礼是很外在的。很多搞传统文化的人也会告诉你，相对于仁和礼，仁是在内的，礼是一个对外的，这个其实是一个误会。过去来讲阴阳属性，乐是属阳的，为什么？因为乐是可以表达出来的，所以古代在太学当中，是春天学乐的，因为它属阳，春夏学乐和诗。然后《礼记》和《尚书》之类的文献，是放到秋冬天来做的，也就是说礼是属阴的，礼属阴意味着什么呢？阴是内在的东西，它应该是收敛的，不仅仅说礼是一种主于撙节退让，而是说它要内化在我们的内心。也就是说，我们学的礼看似是一种外在规范，但是这个规范，是要我们从一个尚且无知的状态，慢慢体会到天地万物散殊的这样一种不同，体会到如何在这种不同中去让它们各得其宜，也让自己得其宜。这个过程是先王之心到我心的一个过程，是一个由外而渐渐内化的过程，当然也是一个渐而行之的过程。如果说这个过程能够大体完成，像孔子说的"三十而立"，他三十岁大概完成了，那么他就会感觉到人生的这样一种充实，他知道自己要做什么，他知道自己应该怎样去做哪些事，这也就是一种力量。"仁"一般来讲是一个对外的，大家如果读董子的《春秋繁露·仁义法》，那么仁是待人的，它是要力行的。《中庸》里讲"力行近乎仁"，力行的东西当然是要把它表现出来的。

"成于乐"，它主这样一个"成"，当然我们现在也不好判断，它主的是一个狭义的"成"，还是一个广义的"成"。狭义可能是指的"成己"，《中庸》上说"成己，仁也"。广义说还有一个"成物"，"成物，知也"。我觉得从乐本身来讲，应该两方面都有吧。因为"性之德者，合外内之道也"，应该说两者都要有，那么乐是什么？我们前面讲乐是要成就伦理的，它是要大家能够和同的，大家能够找到一种和谐，大家又能够返归于正，这个叫作乐，以此来成就人。从一个比较现实的角度来讲，如果我们把诗、礼、乐看作一个递进层次的话，那么我觉得它可以做这样一个比方。也就是说，诗是我们最初触动自己的东西，我们举儒家的可能不太好对照啦，如果我们谈佛家的话，那么这个诗可能就是他在读佛经的时候感觉有兴趣,自己会去诵经了,有点类似于这种状况,它处于"歌咏之,长言之,手之,舞之,足之,蹈之"。就像有的人读儒家的东西可能昏昏欲睡,读佛家的东西,他可能会感觉很好,那这样的话,这个东西对他来说是体现了诗教的意义。然后礼呢,就是说你下一步要懂得一些戒律了。如果你只是诵经的话,那这是私人爱好,犹是情也,这只不过是一种情。用儒家的话说这是一种人欲,那下一步的话,你既然选择了这种东西,你就得有所提高,你就要服从规范,然后把这个规范内化,以此来成就法。乐是什么?乐是你达到一定的境界,比如说佛家会讲涅槃境界啦,那个太高,比如说渐渐至于禅宗所说的无分别的境界,然后这个时候你会感觉到,佛家讲欢喜嘛,那么这个就有点类似于这个乐,这时候你就已经超越了前面的苦守斋戒等,也超越了诵经的很功利化的功德的积累,你达到了一个真正的天地。其实儒家也是这样,别的东西也是如此啊。

"兴于诗,立于礼,成于乐",从"兴"到"成","立"还是很重要的,我们往往做事会忘掉中间这一块,但如果没有了中间这一块的话,这个两端是容易被人们走偏的。就是说"兴"起的时候,可能人还无知,然后"成"呢,可能变成一种托词,变成一种作伪,这个我们生活在今天都可以感觉得到,那么夫子也讲是要"立于礼"的。

我们还是谈一下礼和乐在今天的问题。一般来讲我们说礼,它亘古不变的东西我们称之为规矩。我为什么说它亘古不变呢?我们看汉朝到唐朝画伏羲、女娲像,就是我们民族"厥初生民""始以俪皮之礼"的那个时代。如果大家有印象的话,那么他们的形象是什么样的?人首蛇身,然后是一人执规、一人执矩。这个含义就是说手执规矩,在那个时代,矩是用来量方的,规是用来画圆的。我们通过这样一个方圆的认识,才可能去开始建筑我们的宫殿,才可能去整理我们的历法,去认识这个天地的规律,去慢慢地把握它。这是在那个时代,它显然也会被显示得非常核心。礼"承天之道,以治人之情",其实说穿了,就是要有一个规矩。在天我们只有有了规矩,才能知道天道如何;在人呢,我们也只有立了规矩,大家才知道应该怎么样举手投足,所以礼的本质就是这种规矩。放在今天也是这样,我们这个社会,如果说大家都有规矩,就意味着我们比较容易信任,我们每个人也比较容易做到诚信。"信"是一个非常重要的概念,如果有规矩,我们知道做什么事情是可以的,我们知道做什么事情,周边相应的服务产业会有怎样的配合,那么我们的成本就会降得很低。比如说我们出行,如果我们知道交通规则,各种交通路牌也都做得很好,GPS 都做得非常完备,路边的服务区、加油站什么的都做得中规中矩,那么我们遇到任何一种情况,我们都非常地流畅,我们都不会感到恐惧,因为一切都可以很容易地做到。但如果说你到了一个没有规矩的世界,没有 GPS 了,没有路标,周围也看不到人,那么你就会感觉到一种恐惧,很多事情就无法做,这就是规矩的重要。在人和人之间,我们人和人之间的关系,可能有亲近的,如父与子、夫妇、朋友,也可能有一些疏远的,如商业上的联系,但是如果说拥有一种规矩,大家就容易相互信任。因为你知道也许对方是图利的,但是他的利不是狮子大张口的那种利,不是建立在坑蒙拐骗上的利,而是说他有了一种规矩,他要图利,但是他知道他的利有一个底线,他不会说把你压到让你无法生存的地步,然后你也知道他做事会有怎样的原则。他未必说完全没有意外,但是即便有意外,你也知道,他大概是怎么样处理的,这样你和他去做事情,哪怕就是一种纯粹的商业关系,你也会感觉到很舒畅,那么这就是信。

其实过去我们讲礼,也就是要实现这样一种制度。今天讲法,我们也会使用"道德"这个词,其实我们也都是要实现这一切。我们在谈论古代制度的时候,一般会出现很多词。一般我们会谈"道",这里我就不重复以前讲的"道"的东西了。就是说我们一般理解往往会偏于《道德经》,或者偏于《周易》,姑且这么说吧。"道"是一种形而上的东西,它是一个脱离了具体的东西,对应的是"器","器"是一个形而下的,一个非常具体的东西。那么这里有一个问题,就是《易经》它究竟算什么呢？《易经》是道还是器呢？其实《易经》既不是道，也不是器。如果你说它是道，那它为什么要谈论"井"，谈论"革"，谈论"履"，谈论很多非常具体的东西？如果你说它是器，那么这个器的东西又何以成为夫子可以"五十以学易"的东西呢？《易经》是能够沟通道和器的。也就是说，在《系辞》上所讲的"形而上者谓之道，形而下者谓之器"指的是一种取象，而我们必须要拥有一种力量能够把道和器沟通，这种力量就是《易经》。在《系辞》上也有一句叫"象事知器，占事知来"，其实《易经》的根本在于它是象，就是一种取象。"象"是什么，我们拿一个物，随便拿一个具体的东西，我们探讨它里边所蕴含的道理，我们不是说探讨完了就知道是这个东西了，而是说我们知道这个物它是有一个类的，它是有一个系列的，而这个理是相通的。那么我们的认识就从一个具体的器，慢慢地走向了对它的一个特定的类，慢慢再去体会它背后的一种理。而"道"就是通过这种方式来生成的。那么"象"呢，其实就是对于物的类和它的理的体会，就像《易经》讲六十四卦，每一卦都对应很多类，我们讲《象卦传》都会告诉你，如"干"卦它是天，也是龙，是君，是父，是夫，是阳等的，这是它有这么一个系统。象的力量就在于此，象是扎根于现实的、具体的东西的。然后它把它提升为一个可以扩充的、具有同类的东西，然后我们再通过这个同类的东西去寻找它背后的理，这就是形而上的道。所以说礼在过去来讲是"礼本太一"，那么礼的义理，就是说礼本身也是出自太一的，礼并不是纯粹的、固定的东西，这个才是礼。

我们今天常常会说"法"，当然今天的法一般是作为西文的一个翻译。在古罗马的时候，"法"的含义其实和我们的"礼"很接近。他们也包括事人和事神的仪则，西塞罗在谈法的时候，要说最首要的法，他就开始跟你谈了一大套关于祭祀的规矩。就像我们今天读礼，然后会读到《祭义》。我们看秦代的秦简，里边会讲祭品等相关法条，其实西方人的法也是一个非常广义的东西。中国在概念上比他们稍微区分了一下，我们分出了一个礼，用来特指能够通道和器的这样一种东西，那么法基本上在后来就发展成比较具体的、比较偏于落实的器的东西，我们有时候也称之为刑，或者后来称之为律、令、格之类的。我们过去从儒家的角度，是非常强调礼的重要的，原因就在于法或刑太过具体，所以大家读《韩非子》也可以看到，太过具体的东西它易变，而易变本身就会削弱它的权威，就会一直要面对一个复杂的问题。今天中国的法也是如此，不制定法大家不能规范，制定了呢，一般人又因为太复杂而掌握不了，也没法去操作，中间就会被律师阶层所架空，其实过去西方也是那个样子。而礼和法的差别是什么呢？或者说礼和刑的差别是什么呢？刑是指"上所不为而民或为之，故是以制刑法也"，礼和刑的差别是，礼是一个比较高的，更多来自自愿的东西。就是说，作为一个人，我希望提高自己，于是我要奉行一定的礼。很多东西可能没有做规定，但是只要我体会到了这是一种规矩，这是一种秩序，这是我作为人的一种尊严，即使没有任何规定，没有任何人看到，谁也不知道，我照样会按这个去做，因为这是我的尊严，是我的一个自主的选择。对于古人来讲，他们会说这个是对于君子来说的，是对士大夫以上才有这个礼的，所以《周礼》告诉大家"礼不下庶人，刑不上大夫"。"礼不下庶人"就是这个意思。因为礼强调一种自主性，你要能够认识到这个社会的秩序、规矩，你要有这个体会，然后你会自觉地奉行很多严格得多的东西，这个是礼的精神。而法是指，上边的人能够做到，君子能够做到礼法，但是不能够把它要求老百姓。如果要求老百姓的话，老百姓就苦不堪言了，因为那个要求太高了。因此如果要求你必须做到，如果不做到，这个国家、这个社会都不可能承受了，那么这个东西才会被归于法或刑。这是中国古代把西方人的 ius（或 lex）的这个概念分开。

我们详细地建立了礼和法这两种东西，而形成了这样一种相互配合，我觉得这个概念是比较明晰的，但今天人似乎在这个问题上认识得不够。也就是说，我们的社会往往流之于法，而且是很具体的法。但是这样一种成就人自身的自主性，人的一种尊严的东西却没有得到弘扬。或者说因为这一方面没有，你要想有一点高超的追求会怎么办呢？这其实就移越到"道"上来了，也就是宗教。你要么说只是一个普通人，苟免于刑戮，要么说你有道德追求，你去信某一种宗教，某一种抽象的、神秘的、全能的力量，然后把自己归于他。因为这样一种敬畏，于是很多事情都可以战战兢兢、如履薄冰，于是我也可以遵守很多的规矩，也能够被一些人所信任和尊敬。但是这个在中国人看来是略微有一些遗憾的，当然其实古代还有另外一条路径，如道家。道家在汉初也曾经执政过，他们一直都很崇尚道，但问题是一旦它成为执政思想的时候，就需要做些具体的事情，于是他们马上就要搞些"道生法"，因为他们要跨过礼，那么就立刻搞法。汉代的时候，一方面我们会看到无为而治，另一方面其实它延续了大量的秦法，在当时看来似乎也是很古怪的一种结合。直到后来儒家建立起来，我们有了春秋决狱，渐渐地有了礼制这样一种思路，才使得这一切得以理顺。礼并不是和道、法相对立的东西，就像我们谈《易经》的一个象一样，它正是沟通道和法的东西。放在今天我们有一种崇高的诉求，人都会有，那么我们也要有一些现实的、必须要做到的、这个社会离了它不行的规则，而礼是要帮助这两者之间有所沟通的。

　　自古有两种思路来作乐，一种就是乐，我们认为是古人之乐，那我们的工作是什么，是复兴古乐。我有朋友也做过。当年高士涛先生和吉恩煦先生，我们几个人在正定那边翻译谱子，然后把这个雅乐搞出来的时候，当时我是在场演奏的人。我没有多少感受，但是据说旁边围观的人在雅乐奏响的时候，是很受触动的。今天我们听那种录音的古乐，可能没有什么，不过是些简单的立体声，但当你置身那样一种环境中时，你能感受到那种很纯净的声音。你是在一个具体的环境当中，它是直接来震撼你的，然后听到八音合鸣，它确实有它自身的感染力。但是你说它流行到取代流行音乐，那是不可能的。所以我觉得如果是从这个角度来复兴古乐，那么这其实是一种比较消极的态度，就是我们只是限于一种保存，保存了之后呢,甚至说我自己也未必非常喜欢,反正我也不会说听得入迷,我可以用它洗濯其心,但是这个东西并不是真的让人流连忘返。"三月不知肉味",其实很难。这种工作在明朝的时候,有的人像当年的郑王世子啦,就是朱载堉,他是搞声律,搞十二平均律来正雅乐。明朝有一位叫瞿睿夫①的先生写了一个祀孔的礼乐谱。在他看来,如果说你知道里面的道理,然后你通过道理来推,它应该是发出怎样的中正平和之音,应该做出怎样的举手投足之容,然后你可以制定一套韶乐。他自己也弄,这个我觉得很有意思。我也有在上海的一位朋友毛先生,他和我谈乐的时候,他也说到西方人的乐理知识其实和我们古人是不同的。从古乐理的角度,也许明朝人的做法未尝不是一种很好的做法,因为我们强调乐本身是通伦理的。我们通过伦理,通过这样一种中正平和的体验来反推:如果先王作乐,它应该大体是一种怎样的状态。当然这个有点僭越之嫌,但是这是恢复古乐的一种方法。但是我觉得作为乐的根本,它是要用来化民的。也就是说,人是要被物的世界所引诱的,而乐教的精神是我知道你要被引诱,那么怎么办?我要给出一个好的东西,让你受这个好的东西的引导。因为你被引导到好的一面,那么你也就不暇于被恶的东西所物化,这是作乐的根本。那么从这个角度,我觉得我们倒是恰恰应该采取一种比较积极的态度,塑造一个真的能够让人去感兴趣的乐,使得它能够吸引人,并且因为这样一种力量,再把这样一种道理,就是"乐胜则流"这样一种理念传达出去。乐是要假于器物的,那么器物放在今天其实有很多东西。比如说当年抗日战争时期,不管是国统区,还是解放区,大家都非常重视话剧,还有歌曲。大家拍很多抗战题材的话剧,然后就是各种各样的歌曲,然后大江南北去传唱。很多是到今天我们都能够耳熟能详的,这些东西也很好地鼓舞了士气,使他们意识到每个人所应该有的责任,也震慑了某些不太坚定的心灵,其实这就是乐。也就是说乐在先王那个时代,它

---

① 瞿九思,字睿夫,晚明理学家,著有《万历武功录》。

能够凭借的最好乐器就是干、戚、羽、旄,因为那个时代还没有多少技术的积淀。如果说放到今天,我们将乐依然理解为干、戚、羽、旄的话,这未免也有点太对不起先王了。放在今天,我们有电视网络、电影,那这一切的本质是什么,它都是在调动人对于物的一种感官,从而用这种东西去感动人以及去化人。从这个角度来说,如果我们要做先王之乐的话,那么就应该拥有今天的小说、网上的网文、博客,到电影、短剧等,用这种方式去尽可能地感动那些我们能够感动的人,那么这些都是乐的精神。

跋

篇多网文，本无望梓版。惟任重先生，不弃草野，采采众言，为衣冠执鞭，惠此梨枣之资，将成茅茹之汇。飞不敢懈，并取公羊旁议，以示古今一理，则与先生堂涂虽异，敢不自励同归之期？

是书之缘，受之四毋斋先生。公羊之论，始于赵承易先生、无境寓先生、承冯志先生。时论多正教于苋仁先生、续断先生。教学则昉于苦心斋傅道源先生、华夏复兴李孟奇先生、春耕园邵雅忠先生、马培路先生。又网络诸君，惠我良多，飞素平淡，不能备列，唯具网站，愿诸君赐教。

经礼堂：http://blog.sina.com.cn/jinglitangufe

邮箱：ufe314159@hotmail.com

尊周书院：http://www.douban.com/group/jingxue/

朱子家礼 qq 群：370494014

又旧文有混言汉宋，未竟根源者，唯请方家见谅。

泺邑吴飞
甲午三百六十八年夏